21वीं सदी के भक्त-प्रवर

कविवर दास नारायण के कृष्ण भक्ति-पद

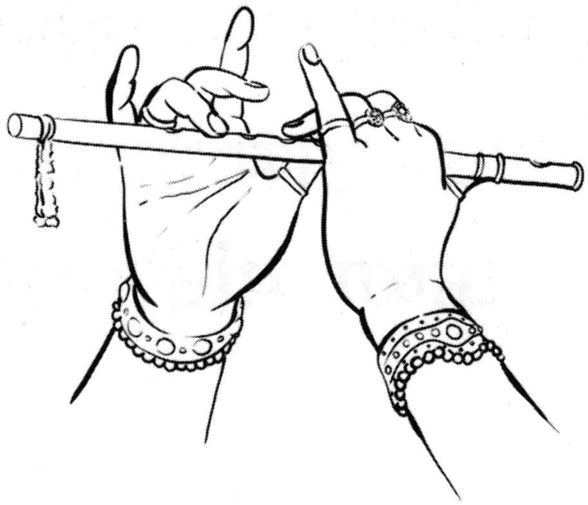

21वीं सदी के भक्त-प्रवर

कविवर दास नारायण के कृष्ण भक्ति-पद

सम्पादक
डॉ. उमेश चन्द्र शर्मा

वाणी प्रकाशन

प्रकाशन के उत्कृष्टतम 63 वर्ष

vaniprakashan.com

सजिल्द प्रथम संस्करण : 2026

वाणी प्रकाशन

4695, 21-ए, दरियागंज, नयी दिल्ली-110 002

फ़ोन : + 91 11 23273167, 23275710

शाखाएँ

अशोक राजपथ, पटना-800 004, बिहार

कॉफ़ी हाउस कैम्पस, महात्मा गांधी मार्ग, प्रयागराज-211 001, उत्तर प्रदेश

महात्मा गांधी अन्तरराष्ट्रीय हिन्दी विश्वविद्यालय, वर्धा-442 001, महाराष्ट्र

sales@vaniprakashan.in

vaniprakashan@gmail.com

21vi Sadi ke Bhakt-Pravar Kavivar Das Narayan ke Krishna Bhakti-Pad
by Das Narayan

Editor : Dr. Umesh Chandra Sharma

ISBN : 978-93-7348-950-6

Poetry Collection

मूल्य : ₹ 695

सिटी प्रेस, दिल्ली-110 095 में मुद्रित

वाणी प्रकाशन का लोगो मक़बूल फ़िदा हुसैन की कूची से

भगवान श्रीकृष्ण की परम भक्तिन्
अपने आराध्य लड्डू गोपाल जी
को अष्टपदी सुनाकर
आराधन करने वाली
आराधिका
प्रातःस्मरणीय पूजनीय माँ
श्रीमती अन्नपूर्णा देवी जी
की
स्मृति में
सभी श्री राधाकृष्ण भक्तों
को
समर्पित।

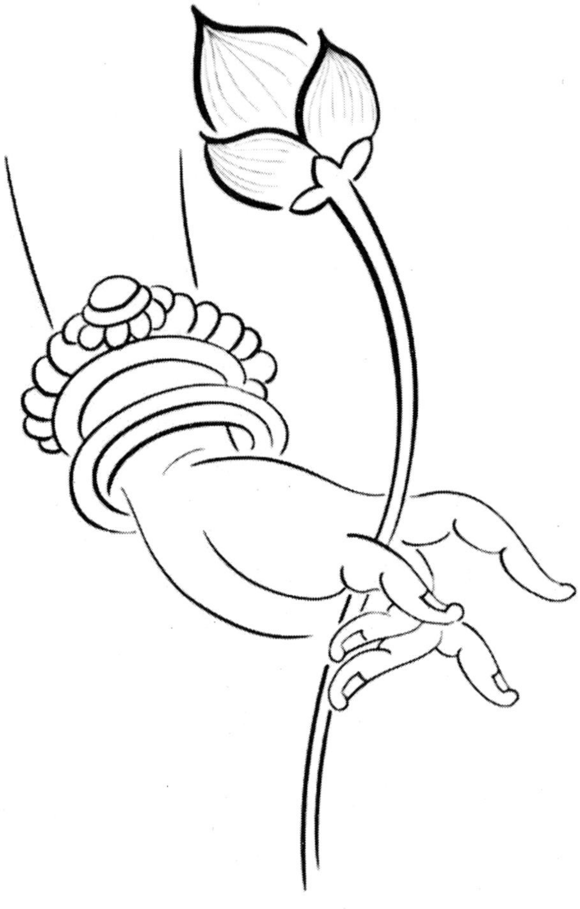

अनुक्रम

प्रकाशकीय

जाने बिनु न होय परतीती।
बिनु परतीति होइ नहिं प्रीति।।

धर्म की रसात्मक अनुभूति ही भक्ति है। वस्तुत: भक्ति किसी व्यक्ति के अपने आराध्य देव के प्रति निरन्तर स्नेह रखने का नाम है।

इक्कीसवीं सदी के भक्त प्रवर कवि दास नारायण जी का काव्य श्रीकृष्ण की भक्ति के क्षेत्र में विशिष्ट योगदान दे रहा है, यह भक्ति रस से परिपूर्ण कृति कवि द्वारा विनय, धर्म, परोपकार व सत्य के अनुसन्धान में स्वयं को समर्पित कृति है।

प्रेरणा के स्रोत घर के आँगन से उपजते हैं और वे ही भविष्य में छायादार वृक्ष बनते हैं। तो आइए भावी भविष्य की पीढ़ी के लिए इस बीजोत्सव में आप हम मिलकर पीढ़ियों के संस्कारों की नींव रखें। एक साहित्यिक व सांस्कृतिक सेतु का निर्माण करें।

आपने अपनी रचनाओं में भक्ति, कला एवं दार्शनिक चेतना का त्रिधारा संगम उपस्थित किया है। प्रस्तुत पुस्तक भक्ति का अमिय स्रोत है।

वाणी प्रकाशन द्वारा प्रकाशित इस पुस्तक में श्री दास नारायण जी के परिचय के साथ ही श्रीमती हेमा मालिनी जी द्वारा गेय-काव्य भी संयोजित है।

प्रस्तावना

विवर नारायण जी को पिछले 30 वर्षों से जानती हूँ, प्रारम्भ में इस्कॉन भक्ति कला क्षेत्र, मुम्बई में श्री राधा कृष्ण व के समय मंच पर आध्यात्मिक कार्यक्रमों का संचालन करते रहे हैं। उनके संचालन में एक विशेष प्रकार की ते होती रही है जिसमें हिन्दी के सुन्दर और शुद्ध शब्दों का प्रयोग होता रहा है। सुनने में उनकी भाषा और बोली मुझे लगती रही है।

बाद में नारायण जी मेरी नृत्य नाटिकाओं का मेरे साथ देश भर में प्रस्तुतिकरण करते रहे हैं। थोड़े वर्षों के बाद मुझे । हुआ कि वो भक्ति पदों की रचना भी करते हैं। जिन्हें देश के शीर्षस्थ शास्त्रीय गायकों ने अपने स्वर दिये हैं यथा रत्न पं. भीमसेन जोशी जी, संगीत मार्तण्ड पं. जसराज जी, पं. राजन साजन मिश्र जी तथा बहुत से शास्त्रीय गायक, सर्फ़ सन्तों की वाणी गाते रहे हैं।

इसके साथ भारत रत्न सुश्री लता मंगेशकर जी, जगजीत सिंह जी, हरिओम शरण जी, रवीन्द्र जैन जी के साथ श्री जलोटा जी तथा लगभग सभी देश के प्रसिद्ध गायक-गायिकाओं ने कवि नारायण जी के भक्ति-पदों का गायन किया ने भी श्री नारायण जी के बहुत से पदों का गायन किया है। बहुत से पदों को सुना भी, पढ़ा भी है। कवि नारायण जी दों में अर्थ और भावों की गहराई है। एक पद जो मैंने गाया है, यहाँ उद्धृत करना चाहूँगी, आप स्वयं देखेंगे, पद का भाव, रस एवं साहित्यिक गुण। बहुत सरल शब्दों में भक्ति का उच्चस्तर इस पद में हुआ है।

नयनों की तुम ज्योति बने हो, हृदय की धड़कन गोपाला
दर्शन दे दो मेरो प्रभु जी, कुँवर कन्हैया नन्द लाला

तथा

जिस प्रभु ने ये नयन दिये हैं और दिया जीवन अनमोल
हरि का दर्शन इन अँखियों से और अधर से हरि हरि बोल

इस भक्ति काव्य पुस्तक में मेरे द्वारा और भी बहुत से भक्ति पद गाये गये हैं, जो समाहित किये गये हैं।

कविवर नारायण जी 'दास नारायण' के भक्ति काव्य से सदा प्रभावित रही हूँ। उनके दोहों को भी सुना है। जो गहरे और सन्देश से भरे हैं। आपके भक्ति पद सरल एवं भक्ति पूर्ण होने के साथ-साथ युवाओं को सहज समझ आ जाते जिससे उनके अन्तर में भक्ति भाव उत्पन्न होता है, ये आज की पीढ़ी में सनातन गुण उत्पन्न करने का सशक्त मार्ग साधन है।

मैं भगवान कृष्ण से प्रार्थना करती हूँ कि सन्त साहित्य की परम्परा में कवि नारायण जी के योगदान को अक्षुण्ण रखा एवं इससे प्राप्त लाभ को आज की पीढ़ी को अवगत कराया जाये।

कवि नारायण जी द्वारा रचित पदों को पाठ्यक्रम में सम्मिलित किया जाये, जिससे जन-जन तक भक्ति भाव की सरिता रहे, यह मेरी इच्छा है। पुस्तक के रूप में मुझे देखकर बहुत खुशी हो रही है। वाणी प्रकाशन के श्री अरुण माहेश्वरी एवं सुश्री अदिति माहेश्वरी जी को 21वीं सदी के भक्त कवि 'दास नारायण' जी की भक्ति काव्य पुस्तक एवं दोहों की पुस्तक को प्रकाशित करने के साथ ही साथ डॉ. उमेश चन्द्र जी को इस पुस्तक के सम्पादन करने एवं डॉ. देवप्रकाश को संयोजन के लिए साधुवाद। कविवर नारायण जी 'दास नारायण' को बहुत-बहुत शुभकामनाएँ एवं बधाई।

हेमामालिनी

सम्पादकीय

अविस्मृतिः कृष्ण पादारविन्दयोः क्षिणोत्यभद्राणि शमं तनोति च।
सत्वस्य शुद्धिं परमात्म भक्तिं ज्ञानं च विज्ञान विरागयुक्तम्।।

श्रीकृष्ण के चरणों का स्मरण सदा बना रहे तो उसी से पापों का नाश, कल्याण की प्राप्ति, अन्त:करण की परमात्मा की भक्ति और वैराग्य युक्त ज्ञान विज्ञान की प्राप्ति स्वत: ही हो जाती है।

21 वीं सदी का पूर्वार्द्ध अपने आभा मण्डल से अद्वितीय था। शताब्दी का चतुर्थांश अर्द्ध शताब्दी के सोप इसी काल खण्ड में स्पर्श सुख की ललक भरी त्वरा, उत्तरोत्तर उत्सुकता से प्रमुदित थी; भक्त कवि दास नारायण भक्ति भावना, भाव भरित भजनों के प्रणयन से उद्भासित हुई। सहस्त्राधिक पदों का सृजन श्रीकृष्ण के सौन्दर्य, शील भक्ति की मुखर अभिव्यक्ति है। आपके द्वारा प्रणीत यह रचना जिसमें भक्ति का परम रूप प्रसारित हुआ है–

परम रूप जिनका सुख देवे
हर पीड़ा को जो हर लेवे
दास नारायण भक्ति प्रेम संग
कृष्ण कृपा है कृष्ण वरण में

दास नारायण जी को अपनी माता से श्रीकृष्ण प्रेम आराधन की प्रेरणा प्राप्त हुई, वे निम्बार्क सम्प्रदाय में दीक्षि उन्हीं का अनुकरण करते हुए आपको निम्बार्क सम्प्रदाय के साहित्य का अध्ययन करने का सुअवसर सहज ही प्राप्त इसी की प्रगाढ़ पृष्ठभूमि से आपके काव्य में श्रीकृष्ण के युगल रस रूप की सुमधुर व्यंजना हुई है।

रसराज का अपूर्व सौन्दर्य भक्ति की सरणियों में अवगाहन करता; राका- रजनी की निशीथ वेला की अपूर्व रम से नित्य धाम वृन्दावन में श्रीकृष्ण अपने आनन्द विग्रह से अपनी आनन्द प्रसारिणी शक्तियों के साथ सदैव रस विभ करते हैं। यह भाव राशि अनादि और अनन्त है। इसी को विज्ञ पुरुष नित्य रास से महिमामण्डित करते हैं।

इसी सम्पदा से स्फुरित रस-कण दास नारायण जी के मानस पटल को भिगो गये। उसी का सामीप्य आपके संकुल से छलकता भक्ति का परिपाक द्रष्टव्य है–

करौं भरोसौ कृष्ण चरण में
सदा रहौं मैं कृष्ण शरण में

श्रीकृष्ण के लीला रहस्यों का अनवरत आस्वादन ही कवि के कमण्डलु से नि:सृत उस उदात्त स्वरूप की भं में एक ही पद में सौन्दर्य, माधुर्य और वात्सल्य की अनुपम प्रस्तुति अनुभव के साथ सुखद बन पड़ी है–

मृदु मुस्कान मृदुल भृकुटी जो
मस्तक तिलक लगाए
झूले पर क्षण मृदु आलिंगन
राधा मन मुसकाए

तीन लोक के स्वामी संग में
यशोदा माँ के लाल

कवि मन का यह शब्द शिल्प किसी के भी मानस को आकर्षित करने में सक्षम है। मन-मोद से मुदित छवि कविवर न्त:करण की अनुगूँज इन मौलिक पंक्तियों में शोभित है–

ऊँची ऊँची पैंग प्रेम में
तीन लोक को छू लें
कभी कभी तो श्याम प्रभु जी
युगल रूप में झूलैं
राधाकृष्ण के युगल रूप का
दर्शन जन-जन पावैं
झूला श्याम जी आज झुलावै।
कृष्ण कृपा है कृष्ण वरण में

ह्म के रसानन्द स्वरूप का आविर्भाव वैदिक काल से होता रहा है, वैष्णव शास्त्रों में इसका प्रत्यक्ष सम्बन्ध कृष्ण से हो गया। ब्रह्म संहिता के प्रारम्भिक श्लोकों में इसका प्रमाण परिलक्षित होता है–

ईश्वरः परमः कृष्णः सच्चिदानंद विग्रहः।
अनादिरादिर्गोविन्दः सर्वकारण कारणम्।।

हाँ श्रीकृष्ण चन्द्र को आनन्द विग्रह स्वीकार किया गया है। वस्तुतः ईश्वर असीम और अनन्त है। श्रीकृष्ण के मक स्वरूप की कल्पना कर उसके साथ विभिन्न रागात्मक सम्बन्धों की परिकल्पना ही वैष्णव भक्ति का मूलाधार

ीदास नारायण जी द्वारा सृजित काव्य धारा में उपनिषदों की रस उद्भावना से लेकर पुराणों की भाव साधना तथा मानस की प्रेम-प्रवणता की संयुति में श्रृंगार का समवेत प्रतिफलन हुआ है–

गोप गोपियाँ चहुंदिस रहकर
वाद्य वृंद को बजावैं,
रिमझिम रिमझिम मोतियन माला
राधा जी सकुचावैं
दास नारायण दासी हेमा
दर्शन कर हर्षावैं

ोकृष्ण वृन्दावन छोड़कर एक पग भी बाहर नहीं जाते, आस्था की यह अभिव्यक्ति अनेक स्थलों पर उपलब्ध है। हरिदास जी के किशोर वृन्दावन के नित्य निकुंज-बिहारी कृष्ण निकुंज छोड़कर कभी बाहर नहीं निकलते। सी सखी भाव से ओत-प्रोत कविवर नारायण जी के साहित्य से अवतरित ये पंक्तियाँ स्मरणीय हैं–

कृष्ण पुजारिन कृष्ण प्रेम में
हरि हरि हरि हरि जपती
वृन्दावन है पावन धरती
कृष्ण कृष्ण ही कहती
मैं कृष्ण कथा सुनाऊँ
मैं दर्शन उनका पाऊँ

श्रीदास जी प्रेमा भक्ति के भावुक सन्त कवि हैं, आपके द्वारा प्रणीत काव्य की सरस रचनाएँ पाठकों को रस करती रहेंगी। साहित्य जगत इस सृजन की भूरि-भूरि प्रशंसा व स्वागत करता है, सभी के मानस पटल पर यह बो काव्य सलिला प्रवाहित रहेगी। आपको बधाइयाँ। शुभकामनाओं के साथ वन्दन।

राधाष्टमी
2025

डॉ. उमेश चन्द्र
ब्रज संस्कृति
उ.प्र. ब्रज तीर्थ विकास परिष

शुभाशंसा

ाय भक्ति कवि परम्परा में जहाँ मध्यकाल में तुलसी, सूर, कबीर, मीरा ने अपनी सुमधुर रचनाओं से हिन्दी को समृद्ध है, वहीं आधुनिक कवियों में दास नारायण अग्रवाल ने अपने भजनों से हिन्दी में प्रसिद्धि पायी है और आधुनिक में भक्ति परम्परा को अक्षुण्ण रखने का सफल प्रयास भी किया है। दास नारायण अग्रवाल के भजन देश के लगभग बड़े संगीतकारों ने गाये हैं, आकाशवाणी से सैकड़ों बार प्रात:काल की शुभ वेला में प्रसारित होते रहे हैं और जनता सराहे जाते रहे हैं।

भक्तिः सा परानुरक्ति ईश्वरे।' ईश्वर में अनुरक्ति ही भक्ति है। ईश्वर तत्त्वत: निराकार है पर भक्तों की रक्षा के वह सगुण रूप में उपस्थित हो जाता है। भक्त कवि सूरदास कहते भी हैं–'सब विधि अगम विचारहिं ताते सूर सगुन पद गावे।' ईश्वर गुणातीत है, निर्गुण और निर्विकार है पर कष्ट के समय आर्त स्वर में पुकारने पर भक्त की रक्षा ाए वह तत्काल आ भी जाता है। गजराज ने मकर द्वारा पैर पकड़ लिए जाने पर आर्त स्वर में रक्षा के लिए भगवान कारा था। द्रौपदी ने दु:शासन द्वारा चीर हरण के अवसर पर दुखी होकर आर्त स्वर में भगवान कृष्ण को याद किया ौर कृष्ण ने तत्काल दोनों की रक्षा की थी। भक्त पर संकट आने पर और भक्त द्वारा बुलाये जाने पर भगवान भक्त क्षा के लिए सर्वदा तत्पर रहते हैं और भक्त को संकट से उबारने स्वयमेव चले आते हैं। शर्त यही है कि भक्त को आराध्य की शक्ति पर पूर्ण विश्वास हो और निश्छल मन से वह भगवान को याद करे, प्रभु स्वयमेव अवश्य आकर ो रक्षा करेंगे। भक्त को अपने को ईश्वरीय कृपा के लिए अपने को सुपात्र बनाना होगा। सुपात्रता प्रपत्ति की सिद्धि है। प्रपत्ति' की सिद्धि 'स्व' का विगलन है। यह विगलन बुद्धि पर मन की प्रतिष्ठा से जुड़ा हुआ है। बुद्धि और मन :स्वर) के बीच सतत संघर्ष व्यक्ति की नियति है। व्यक्ति तर्क बुद्धि अनुगामी है। कार्य की सिद्धि का श्रेय व्यक्ति को देता है और गौरवान्वित अनुभव करता है। असफल होने पर उसे लगता है कि यदि वह अन्त:करण की सुनता धिक अच्छा रहता। मन और बुद्धि के संघर्ष में उसका सारा जीवन बीत जाता है। अन्त समय में वह जब अपनी ब्धियों और असफलताओं पर विचार करता है तो उसे समझ आता कि तत्त्वत: स्थिति नियन्ता 'स्व' नहीं 'पर' है, तो 'पर' वश है और हताशा में उसके निराश मन की अभिव्यक्ति निम्न रूप में होती है–"होइहें वही जो राम रचि " 'प्रपत्ति' व्यक्ति को अकर्मण्य नहीं बनाती 'पर' की शक्ति में आस्था सिखाती है। यही 'पर' में आस्था 'प्रपत्ति' व' और 'पर' के इसी संघर्ष को किसी ने निम्न रूप में व्यक्त किया है। प्रभु, भक्त से मानो कह रहे हैं–

तू करता वही है, जो तू चाहता है।
होता वही है, जो मैं चाहता हूँ।
तू कर वही, जो मैं चाहता हूँ।
होगा वही, जो तू चाहता है।।

रा अपना अनुभव भी इसी की आज पुष्टि करता है और अब भी यह पुष्टि मन की नहीं बुद्धि की है। 'ज्ञान' और या' जो स्वभावत: भिन्न हैं अब संयुक्त रूप में इसकी पुष्टि करते हैं। नियति समयचक्र को घुमाती रहती है और 'परवश' हुआ उसी में घूमता रहता है। यही 'परवशता' उसे सक्रिय पर अशान्त रखती है। अशान्ति से मुक्ति का 'प्रपत्ति' ही है। प्रपत्ति भक्ति का पहला चरण है।

दास नारायण स्वयं मनसा वाचा कर्मणा भक्त कवि हैं। वे आस्थावान व्यक्ति हैं। ईश्वर साधना में उनका मन
हुआ है। उनका सारा जीवन ईश्वर के गुणगान में ही बीता है। उनकी इस पुस्तक में 175 के लगभग श्रेष्ठ भक्ति र
संकलित हैं। लगभग एक सहस्त्र पदों की रचना करने वाले कवि नारायण के पदों को भारत रत्न पण्डित भीमसेन ज
भारत रत्न लता मंगेशकर, पद्‌म विभूषण पण्डित जसराज, पद्‌म विभूषण डॉ. बाला मुरली कृष्णन और पद्‌म भूषण प
राजन-साजन मिश्र जैसे भारतीय संगीत के क्षेत्र में प्रतिष्ठित संगीतज्ञों ने सराहा और गाया है। भारत रत्न उस्ताद बिस्मि
ख़ाँ ने भी कवि नारायण के आठ भजनों की धुन बनायी है साथ ही साथ प्रसिद्ध पद्‌म विभूषण पण्डित हरि प्रसाद चौर
जी ने 16 कृष्ण भक्ति पदों की स्वर रचना की है। भक्ति संगीत के लिए सुप्रसिद्ध संगीतज्ञ हरी ओम शरण, अनूप ज
और श्रीमती अनुराधा पौडवाल ने भी नारायण जी के अनेक पद गाकर प्रसिद्धि पायी है।

मुझे यह लिखते हुए विशेष प्रसन्नता है कि भजन रत्न कविवर श्री दास नारायण अग्रवाल प्रयाग विश्वविद्यालय
सहपाठी रहे हैं। एक लम्बे अन्तराल के बाद मुझे गांधी वाङ्मय के 100 वें खंड के लोकार्पण के अवसर पर आय
उत्सव में वे मिले जहाँ उनके लिखे भजन को डॉ. बाला मुरली कृष्णन ने 'मोहन राग' में निबद्ध किया था और गाय
उत्सव में उपस्थित जनसमूह ने उनके लिखे भजन को एक स्वर से सराहा था। भारत के पूर्व राष्ट्रपति डॉ. शंकर
शर्मा के निवास पर जब कविवर नारायण अग्रवाल के भजनों के टेपांकित पाठ के लोकार्पण के अवसर पर कवि ना
की ओर से मुझे बोलने के लिए निर्देश था, उस समय भी डॉ. शंकर दयाल शर्मा ने कविवर नारायण अग्रवाल के
की विशिष्ट सभा में भूरि-भूरि प्रशंसा की थी। आज जब जीवन की आपाधापी में व्यक्ति मन से अशान्त है, वह शा
लिए तरह-तरह के माध्यम की खोज में भटक रहा है उस समय भक्ति से अच्छा दूसरा कोई विकल्प नहीं है जो म
शान्त कर उसे श्रेय मार्ग की ओर ले जाने के लिए प्रेरित करे और उसे शान्ति की उपलब्धि भी हो। मन भटकता
है, मन की यह सहज प्रकृति ही है। इसी चंचल मन को साधने का सरलतम उपाय प्रभु के चरणों में पूर्ण आत्मसम
और यह सम्भव होता है प्रभु की लीला को सुनकर, प्रभु की अर्चना कर, वन्दना कर जिसे नवधा भक्ति की संज्ञा द
है। श्रीमद्‌भगवतगीता में भगवान कृष्ण स्वयं कहते हैं–'सर्वधर्मान्परित्यज्य मामेकं शरणं व्रज।' प्रभु के प्रति पूर्ण स
ही प्रभु कृपा का मूल है।

श्री दास नारायण अग्रवाल ने भी अपना सारा जीवन प्रभु भजन में लगाया है। इसी कारण जो कुछ वे लिखते हैं,
उनकी अन्तरात्मा झलकती है। यही कारण है कि उनके लिखे भजन उनके मन की सात्विक अभिव्यक्ति है और इस
उनके लिखे भजन आपके मन को मोहने की शक्ति भी रखते हैं।

मुझे विश्वास है कि यदि आप दास नारायण अग्रवाल के भजनों को ध्यान लगाकर पढ़ेंगे तो आपको एक अ
शान्ति का आभास होगा और आप उनके भजनों को और और अधिक पढ़ना और सुनना चाहेंगे।

मुझे हार्दिक प्रसन्नता है कि दास नारायण अग्रवाल द्वारा लिखे और जन वर्ग द्वारा व्यापक रूप में सराहे गये 1
लगभग भजनों का महत्त्वपूर्ण संकलन '21वीं सदी के भक्त कवि दास नारायण के 'कृष्ण भक्ति पद' शीर्षक से प्रक
होकर हम सबके लिए अब उपलब्ध होगा और जन समाज दास नारायण के रसमय भजनों का आनन्द उठा सकेंगे
से प्रार्थना कि है भजनरत्न नारायण अग्रवाल दीर्घायु हों, उनकी लेखनी अनवरत सुन्दर भजनों की सृष्टि करे और जन
उनकी रचनाओं के माध्यम से शान्ति प्राप्त कर अपने जीवन को सार्थक बना सके।

जन्माष्टमी 2025

विमलेश कान्ति
पूर्व प्राध्यापक, दि
विश्ववि
विशेषज्ञ भाषा विज्ञान एवं साहित

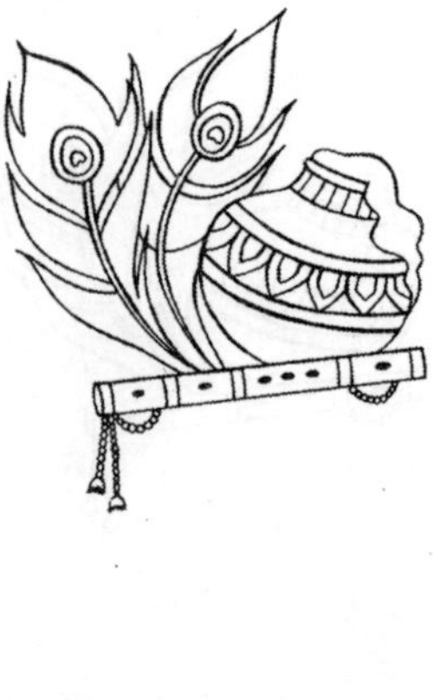

अर्वाचीन भक्तिभावना के भजन-भूषण
भक्त कविराज दास नारायण

चीन भक्तिभावना के भजन-भूषण, राधाकृष्ण की रागानुगाभक्ति के सरस उद्गाता, भक्तवत्सल सुकवि दास नारायण गवद्भक्ति से उद्भाषित सहृदयसंवेद्य भजन-भावांजलि अपने आराध्य और आराधना की ऐसी मन्त्रस्तुति है जिसकी अभिव्यक्ति शब्द-शक्ति की अधिष्ठात्री वाग्देवी की महती अनुकम्पा से सृजनशीलता को स्वयं सम्प्रेरित होती है। ृष्ण की माधुर्यमयी मधुराभक्ति से सम्प्रेरित मधुररस की चर्वणा में दास नारायण भक्तिरस की ऐसी सरस भजन प्रवाहित करते हैं जिसके रसास्वादन में स्वयं को आप्यायित करते हुए किसी भी रसपिपासु को स्वत: उत्कण्ठित ते हैं। कृष्ण नाम की मधुरिमा ऐसी स्पृहा उद्वेलित करती है जिसकी जप तृष्णा में न जाने कितनी जिह्वाएँ अपने मुख सास्वादन कराती हुई न जाने कितने कर्ण कुहरों का आह्लादन कराती हैं। दो वर्णों से समन्वित कृष्ण नाम की मधुरिम चर्वणा न जाने कैसे कितने सहृदयों का हृदयावर्जन करती है।

ीर्थराज प्रयाग में गंगा, यमुना और सरस्वती की त्रिवेणी के संगम में वेणीमाधव की गोद में जन्म लेने वाले दास ण पर वृन्दावन के षड्गोस्वामियों के अनुयायियों की ऐसी अहैतुकी कृपा प्राप्त हुई जो वृन्दावन की विपिन ाओं में मनमोहन ब्रजबिहारी भगवान श्रीकृष्ण की भक्ति में लीन करके भक्तिरसामृतसिन्धु जैसे रस-सागर में अवतीर्ण मुम्बई जैसी दिव्य एवं भव्य नगरी में अवगाहन करने लगी। राधाकृष्ण की माधुर्यमयी लहरियों के बीच भक्तिभजन राधन से भाव विह्वल होकर सहस्राधिक राधाकृष्ण की रासलीलाओं से ओतप्रोत अपनी भक्तिभजनमालाओं से ण्डित होने लगी।

सिकशिरोमणि रसिकेश्वर भगवान श्रीकृष्ण की रासेश्वरी श्रीराधिका जी के गुणकीर्तन में भक्तिभाव से संवलित विविध मनोनुभूतियों को भक्तकवि दास नारायण सहज शब्दसौष्ठव की अभिव्यक्ति करते हैं। उनके शब्दसंगुम्फन कृष्ण की बालछवि के साथ ही प्रेयस् भाव की समस्त सम्भावनाएँ उनके भजनों में अनुस्यूत हुई दृष्टिगत होती हैं। क्ति की समस्त अवस्थाओं का यथा सम्भव परिपालन दृष्टिगोचर होता है। भगवद्भक्ति की प्रणय पिपासा में स्नेह, मान राग-अनुराग, भाव और महाभाव जैसी छहों स्थितियों की सार्थकता उनके भजनों में यथावसर प्रतिबिम्बित है।

क्तकवि दास नारायण जी के भक्तिगीतों में भक्तिरसप्रधान मधुरारति से समन्वित मधुररस के आलम्बन रासेश्वरी का और वृन्दावनबिहारी भगवान कृष्ण स्वयं एक-दूसरे के विषयावलम्बन हैं। कवि स्वयं में ही कृष्ण के विविध ों को समाहित करता हुआ परिलक्षित होता है। कान्ताभक्ति की सद्भावना से ओतप्रोत हुआ कवि अपने भजनों में ण के प्रति अपनी प्रीति-पराकाष्ठा को प्रदर्शित करता है। भक्तिरस में मधुरारति भगवद् रति के नाम से भी अभिहित यी है। यह भगवद् रति साधक की रुचि, प्रवृत्ति और स्वभाव के अनुसार शान्ता, प्रीता, प्रेयसी, अनुकम्पा और कान्ता के नाम से सहृदय साधक भक्त के भीतर रति का संचार प्रकट करती है। यही रति प्रगाढ़ होकर प्रेम के नाम से ्त होती है और वही क्रमश: स्नेह, प्रणय, मान राग-अनुराग, भाव और महाभाव की स्थिति में परिणत हो जाती है। बको ही भक्तिरस में रसराट् मधुर रस का स्थायी भाव माना गया है।

ास नारायण जी के भजनगीतों में प्रीति भक्ति रस की प्रबलता है। इस प्रीति भक्तिरस में सम्भ्रम प्रीति और गौरव प्रीति ार की स्थितियाँ बनती हैं। सम्भ्रम प्रीति में स्वयं को दास मानने वाले भक्तों की कृष्ण के प्रति सम्भ्रमोत्तरा प्रीति है। इसमें भक्त स्वयं दास बनकर अपने आराध्य कृष्ण के प्रति समर्पित दिखता है। दूसरी गौरव प्रीति में स्वयं को

कृष्ण का कृपापात्र मानने वाला भक्त ही गौरव प्रधान प्रीति का पात्र बनता है। प्रीति भक्तिरस में वात्सल्य और श्रृंग मिलती हुई भावनाओं का अन्तर्भाव होने के कारण दो रसों का एक ही रस में अन्तर्भाव माना जा सकता है। आचा प्रीतिभक्तिरस को ही स्पष्ट रूप से सप्रेम भक्ति नामक 'रसराज' 'रसोत्तम' कहा है। दास नारायण जी के गीतों में ऐस भावनाओं का अनेकश: संचार हुआ है। यथावसर प्रेयोभक्तिरस में सख्यभक्तिरस का भी सद्भाव दृष्टिगोचर होता है। कृष्ण के प्रति प्रणय स्थायी भाव होता है। इसमें प्रेम, स्नेह और राग का सामंजस्य भगवान और भक्त के बीच स्थ होता है। सख्यभाव पूर्ण हृदय वाले सहृदय ही उसका अनुभव कर सकते हैं।

दास नारायण के भजनों में कृष्णभक्ति के पूर्व समाराधक भक्त कवियों में सूरदास की सद्प्रेरणा बलवती प्रतीत होत कृष्ण की बाल-लीलाओं का वर्णन करने वाले भजनों में सूर के पदों का अनुवर्तन दृष्टिगत होता है। मीरा की भक्तिप कृतियों का अनुकीर्तन दास नारायण के भजनों में भी मिलता है। दास नारायण ने देश के प्रख्यात् भजन गायकों के सुप्र और लोकप्रिय गीतों की अनुकृति में भी अपनी सहज भाव-भजनांजलि प्रस्तुत की है। उसके ही फलस्वरूप दास नार के गीतों को स्वनामधन्य भारत के अनेक मूर्धन्य भजन गायकों ने अपना स्वर देकर मुम्बई जैसी स्वर संगीत और की नगरी में सुप्रतिष्ठित सम्मान प्रदान किया है। भारत के अनेक गण्यमान्य महामहिम राष्ट्रपति, प्रधानमन्त्री, पद्म वि जैसे सम्मान से विभूषित कलाकारों और विविध विभूतियों द्वारा यथावसर सम्मानित और पुरस्कृत किया गया है।

दास नारायण के भजनों में कहीं सूरदास का इकतारा है, मीरा करताल ये कहती है, कभी हाथों में हरी नाम की है, कहीं-कहीं कृष्ण नाम की रटन है तो कहीं राधा-राधा की रटन, कहीं चलो भाई वृन्दावन की ओर, कहीं गंगा की कृष्ण है, कहीं राधे तुम बिन जिऊँगा कैसे की धुन है। दास नारायण की भक्ति का सर्वस्व सार है–

भक्ति का कृष्ण है सागर, राधा प्रेम की गागर।
गागर में सागर को समाकर, राधा बनी सुधाकर।।

दास का 'जननी जन्मभूमिश्च' के प्रति आत्मिक लगाव भी उनके भजनों में स्वत: दृष्टिगत हो जाता है–

भजन की गंगा में तू प्राणी, डुबकी आज लगा ले।
तन-मन तोरा निर्मल होगा मन में ज्योत जगा ले।।
तीन अक्षर का भजन शब्द है अक्षर तीन त्रिवेणी।
गोत लगा ले भजन गंग में टूटे पाप की वेणी।।
गंगा,जमुना अरु सरस्वती निर्मल सुन्दर धारा।
भजन गंग में नाव छोड़ दे मिलिहैं तुझे किनारा।।

ऐसे मनोरम भजनों को जिन्हें मुम्बई जैसे फ़िल्म जगत के सर्वश्रेष्ठ गायक भजन सम्राट अनूप जलोटा, रवीन्द्र सोनू निगम, अनुराधा पौडवाल, हेमा जी जैसी विभूतियों का स्वर संगीत मिला हो उस पर राधाकृष्ण की साक्षात् अनु ही मानी जा सकती है। ये सारी उपलब्धियाँ ही भक्तवत्सल सुकवि दास की प्रत्यक्ष परिचायिका हैं। देश के अनेक श राजनीतिज्ञों, कलाकारों, साधु, सन्त, महात्माओं और व्यापारियों ने जिसके व्यक्तित्व और कृतित्व की उन्मुक्त हृ शुभाशंसा की हो उसके प्रति मुझ जैसे अकिंचन प्रोफ़ेसर को इस भक्ति रसायन स्वर-संगम में आचमन करने क सौभाग्य मिला है उसके लिए मैं परम श्रद्धेय दास नारायण जी और उनसे दूरभाषिक सान्निध्य प्राप्त कराने वाले महाविद्यालय के गवर्निंग बॉडी के चेअर पर्सन, पूर्वांचल वि.वि. के पूर्वकुलपति प्रो. पीयूष रंजन अग्रवाल जी का हृ आभारी हूँ। अन्त में यही मानता हूँ–"सतां सद्भि: सङ्ग: कथमपि हि पुण्येन भवति" सत्संगति परम पुण्य से प्राप्त है–इस तरह दास नारायण जी की इस भगवद्भक्ति रसायन जैसी कृति का पारायण करते हुए इसके शीघ्र प्रकाशन अपना यह मंगल वाक् निवेदित करता हूँ। राधाकृष्ण जैसी विमल छवि-कीर्ति दास नारायण जी की कृतियों में भी नि प्रतिभासित होती रहे यही प्रभु-प्रार्थना सम्प्रेषित करता हूँ।

प्रो. राजेन्द्र त्रिपाठी 'रस
संस्कृत
इलाहाबाद डिग्री क
इलाहाबाद विश्वविद्यालय, प्रय

स्व-कथन

ादा जी का नाम बनवारी लाल जी, पिता जी का नाम श्री नाथ जी और मेरा नाम नारायण। मुझे भगवान श्रीकृष्ण का
न आशीर्वाद ही लगता है कि तीन पीढ़ियों से मेरे घर में भगवान श्रीकृष्ण मेरे आँगन में खेलते रहे, झूले में झूलते रहे
ूजा घर में लड्डू गोपाल बनकर ठाकुर जी की पूजा होती रही। यह संयोग नहीं यह तो कृपा है कि पिता और पितामह
ाम भगवान श्रीकृष्ण के सहस्र नामों की पोटली में बँधे रहे।

ैं पुन: कहूँगा कि भगवान श्रीकृष्ण का मेरे और मेरे परिवार पर असीम कृपा एवं कोई वरदान रहा है एवं है, ऐसा
ायस्क होने पर विश्वास हो गया। ठाकुर जी का मेरे यहाँ प्रेम से विविध ढंग से सेवा एवं श्रृंगार होता रहा है।

्रीकृष्ण जन्माष्टमी के पावन अवसर पर मेरे निवास के बाहर वाले तीन द्वार के बड़े कक्ष में जन्म से छट्टी तक
ा छह दिन तक नित्य परिवर्तित श्रृंगार के साथ झाँकी सजती थी। दूर-दूर से विंध्याचल, प्रतापगढ़, भदोही, लालगंज
ायबरेली तक से दर्शनार्थी एवं भक्त दर्शन करने आते थे। बहुत भीड़ होती थी। पंक्तिबद्ध होकर झाँकी का दर्शन
थे। भक्ति संगीत कीर्तन का नित्य कार्यक्रम होता था। आज देश के महान बाँसुरी वादक पद्म विभूषण पं. हरिप्रसाद
ाया जी का बाँसुरी वादन भी होता था। आकाशवाणी के कलाकार भी आते थे। वाराणसी के प्रसिद्ध महान तबला
 किशन महाराज के साथ सम्भवत: एक बार भारत रत्न उस्ताद बिस्मिला ख़ाँ साहब भी आये थे।

ुझे अच्छी तरह से स्मरण है, भित्ति पर भगवान श्रीकृष्ण के विविध लीलाओं के चित्र फ्रेम में मढ़े हुए तीन तरफ़
। एक बड़ा-सा फ्रेम भगवान श्री रामचन्द्र जी, सीता मैया और लक्ष्मण जी का भी उनमें था। एक चित्र मुझे बहुत
 एवं अपनी ओर बरबस खींच ले जाता था—वह था सन्त सूरदास जी बालकाल में गाल पर हाथ देकर पाल्थीमार
ठे हैं और वृद्ध सूरदास जिनके सिर पर एक सफ़ेद रंग की चोटी है, इकतारा एक हाथ में और एक हाथ में खंजरी
 हुए भजन सुना रहे हैं। उस समय मैं चार वर्ष का था। इसी चित्र को देखते-देखते दस वर्ष व्यतीत हो गये। जब मैं
र्ष का था, मुझे स्मरण है कि बाल कविताओं के साथ भक्ति पद रचने की प्रक्रिया प्रारम्भ हुई थी।

ेरे जन्म के बाद मेरी माँ श्रीमती अन्नापूर्णा देवी की आँखों की ज्योति शनै:-शनै: किसी नेत्र रोग के कारण चली
ी। लगभग मैं जब चार वर्ष का था उस समय से मुझे विशेष बातें अभी भी वैसे ही स्मरण हैं जैसे कल की घटना
ाँ उस समय अपना भोजन स्वयं टटोल-टटोल कर बनाती थीं। वह शुद्ध वैष्णव थीं। किसी के हाथ का छुआ या
 भोजन नहीं करती थीं।

नारस की प्योर सिल्क साड़ी को धो कर सुखाती थीं, या कभी-कभी गीली ही पहन कर अपना भोजन बनाती थीं।
 वैष्णव धर्म का पालन करते हुए अपना सम्पूर्ण जीवन कृष्ण भक्ति में व्यतीत किया।

ाँ भगवान श्रीकृष्ण की बड़ी भक्तिन थीं। आठ प्रहर में नये-नये पद रचती थीं और अपने लड्डू गोपाल की सेवा
 थीं। उन्होंने निम्बर्काचार्य सम्प्रदाय से दीक्षा ली थी। अपने ठाकुर जी को पद गाकर जगाने से लेकर, स्नान, श्रृंगार,
गाना, झूला झुलाना, पंखा झलना, सुबह शाम और शयन आरती के पद आशुवादी कवियों की तरह रचतीं और
ें विलीन हो जाती।

्योंकि वो इतनी पढ़ी-लिखी थीं कि पद लिख सकती थीं परन्तु आँख से दिखाई देना बन्द हो चुका था, इसलिए
ती थीं वे स्वर शब्द वायु में बिखर जाते थे। सन्त मीराबाई, सन्त सूरदास जी की तरह कोई उनके पदों को लिखने
नहीं था। माँ के स्वर्गवास के बाद उनकी एक काष्ठ की सन्दूक मिली। उसमें चूहे की कुतरन की हुई हस्तलिखित

एक पुस्तिका मिली थी, जिसमें भगवान श्रीकृष्ण के भक्ति पद रहे हों—ऐसा मुझे स्मरण आ रहा है। मैंने वह हस्तलि पुस्तिका बहुत दिनों तक प्रयाराज में सँभाल कर रखी थी, परन्तु अब कहाँ है, मुझे भी नहीं ज्ञात।

इन बातों को संक्षेप में भी लिख सकता था कि मेरी माँ भगवान श्रीकृष्ण की बड़ी भक्तिन थीं, शुद्ध वैष्णव ध पालन करती थीं और भगवान जी के पदों की रचना करती थीं, जिसको मैंने कभी लिखते हुए नहीं देखा। परन्तु ऊप थोड़ा-सा विस्तार से इसलिए लिखा जिससे पाठकों को ज्ञात हो कि मेरे ऊपर मेरी माँ का सीधा और गहरा प्रभाव और जो भगवान श्रीकृष्ण का दिया हुआ गुण है। उनके अन्दर का वही गुण मुझमें आया है। स्वाभाविक भी है कि के अन्तर में माँ के ही गुण आते हैं।

तो अब यह कहना चाहूँगा कि बाल्यकाल से ही मैं बच्चों की कविताएँ लिखता रहा। मुझे स्मरण है जब मैं बार का था, तो मेरी एक बाल कविता प्रयागराज से प्रकाशित 'भारत' समाचार पत्र के साप्ताहिक परिशिष्ट 'बच्चों का में चित्र के साथ प्रकाशित हुई थी।

कालान्तर में किशोरावस्था में कुछ रचनाएँ 'धर्मयुग' में और गोरखपुर से प्रकाशित होने वाली मासिक प कल्याण में छुटपुट प्रकाशित हुई थीं।

पहली पूर्ण भक्ति रचना सम्भवत: जब मैं 28/29 वर्ष का था, तब रचित हुई थी। हुआ यह था कि मेरे निव सत्संग करने के लिए एक बड़ा हॉल है। वहाँ शैलेन्द्र मुनि जी का भागवत सप्ताह का आयोजन हुआ था तथा मे भ्राता प्रात: स्मरणीय स्वर्गीय कुँवरचन्द्र जी की असीम कृपा से प्रतिदिन कोई न कोई भक्ति पद मुखरित हो जाता अ सत्संग में सस्वर सुनाता था।

प्रवाह रूप में भक्ति रचना अन्तरराष्ट्रीय कृष्ण भावना संघ अर्थात इस्कॉन से वर्ष 1984 में भक्ति कला क्षेत्र से के बाद और वहाँ पर निरन्तर सेवा करते रहते समय, भगवान श्री राधा रास बिहारी की अद्भुत मनमोहक छवि का करते रहने से उद्गम होता रहा। मैं सप्रयास कभी कोई भक्ति रचना नहीं कर पाया। बस विषय भक्ति में हर पल डूबे पर भक्ति रचनाओं का जन्म हुआ है। सहस्त्रों भक्ति पदों की रचना हो गयी है, परन्तु दुख है मैंने कभी इन्हें सँजोक रखा। जब भाव आया अचानक बस रचना लिख गयी और इधर-उधर कहीं डाल दिया।

अब मैं जब पुस्तक प्रकाशन के मार्ग में हूँ, तो ढूँढ़-ढूँढ़ कर एकत्रित कर रहा हूँ। सभी स्वान्त: सुखाय के लिए गयी रचना हैं जिनका समय-समय पर ध्वन्यांकन भी होता रहा है। लगभग 500 पदों का ध्वन्यांकन हो चुका होगा, विश्वास है। मुझे सदैव ऐसा अनुभव हुआ कि भगवान श्रीकृष्ण ने उँगली पकड़ कर भक्ति पद लिखवा दिया हो। प्र दिया गुण प्रभु को ही समर्पित हो गया। इस जीवन की सबसे बड़ी उपलब्धि यही रही है। पूरा जीवन दासानुदास र भगवान श्री चरणों की पूजा करने में सार्थक हो गया। मेरे मन एवं चेतना में मुक्ति और मोक्ष का भाव नहीं है। मैं बार जन्म लूँ मेरी यही इच्छा है कि मैं भगवान श्री के चरणों की सेवा करूँ और उनकी वन्दना, स्तुति प्रार्थना एवं ली का गुणगान करूँ। हाँ! इतना मन अवश्य है कि अगला जन्म प्रयागराज में न होकर वृन्दावन में हो किसी गोंसाई/ गो परिवार में हो, जहाँ नित्य श्रीमद्भगवतगीता का पाठ होता है। श्रीमद् भागवत की अमृत कथा होती हो और दिनचर्या र एवं प्रवचन में व्यतीत हो। गऊ माता की सेवा करने का सुवसर प्राप्त हो तथा गऊ दुग्ध से शरीर एवं मन बुद्धि का वि और उसका पोषण हो। आँगन में तुलसी का पौधा हो जिसकी पूजा कर सकूँ।

श्रीकृष्ण कृपा से मेरे द्वारा रचित भक्ति पद आपके सामने हैं। इनमें छन्द, मात्रा एवं व्याकरण का दोष हो सक विद्वत् समाज मुझे क्षमा करेगा, ऐसा विश्वास है, क्योंकि भक्ति काव्य की रचना के क्षेत्र में मैं एक बालक के सम

बालकों से सहज अपराध हो ही जाते हैं। यद्यपि मैंने हिन्दी से स्नातकोत्तर की परीक्षा स्वर्णपदक के साथ उत्ती है परन्तु विश्वविद्यालय की पढ़ाई और परीक्षा एवं भक्ति साहित्य की पढ़ाई, लेखन एवं परीक्षा में बहुत अन्तर है।

बहुत से सन्तों एवं महात्माओं के साथ तथा भारत के गौरवशाली महान शास्त्रीय गायकों का सान्निध्य प्राप्त हो मुझे सौभाग्य प्राप्त हुआ है। उन्होंने मेरे भक्ति काव्य के बारे में और मेरे बारे में जो भी कहा मैं कृत्य कृत्य हूँ, उन महान आत्माओं के शब्द एवं विचार मेरी प्रेरणा और मेरे जीवन मूल्य को स्थापित करने में आधार रूप में निहित

सम्राट श्री अनूप जलोटा जी के 'भजन यात्रा' के ध्वन्यांकन 'हरिनाम का प्याला और हरे कृष्ण की हाला' से जो यात्रा प्रारम्भ हुई वह आज भी अनवरत प्रवाह हो रही है। महान शास्त्रीय गायक भारत रत्न पं. भीमसेन जोशी, संगीत ; पं. जसराज जी, गान सरस्वती श्रीमती किशोरी आमोणकर जी एवं बनारस घराने के महान गायक पं. राजन-साजन ी, पापा जी स्व. पुरुषोत्तमदास जलोटा इन सभी महान गायकों ने सन्तवाणी का ही सदैव गायन किया, परन्तु इन हान शास्त्रीय गायकों ने इस काल में मुझे इसलिए स्वीकारा क्योंकि मैंने एक वैष्णव एवं सनातन परम्परा का पालन हुए भक्त कवि के रूप में भगवान श्रीकृष्ण की कृपा का पात्र बना और भक्त कवि के रूप में मेरा उद्‌भव हुआ। ह सुखद संयोग की बात है एवं भगवान श्रीकृष्ण कृपा कि कृपा कि मेरे भक्ति काव्य की सांगीतिक यात्रा में श्रीमती लिनी जी, जो देश की सर्वश्रेष्ठ शास्त्रीय नृत्यांगना एवं अभिनेत्री हैं, समाजसेविका, भजन गायिका हैं, साथ ही साथ ट से एक श्रेष्ठ नारी हैं, उनका भक्ति रचनाओं में स्वत: समावेश हो गया है। बहुत से पदों में 'दास नारायण' 'दासी स्वत: ही प्रस्फुटित हो गया, जिसे उदारवादी एवं सत्यवादी श्रीमती हेमा मालिनी जी ने स्वीकार किया और उन्होंने ो गायन भी किया है। श्रीमती हेमा मालिनी जी को आधुनिक मीरा कहा जाय तो अतिशयोक्ति न होगी।

मती हेमा मालिनी जी और मैं एक ही आध्यात्मिक धरातल एवं स्तर पर जीते हैं। एक ही आध्यात्मिक स्तर पर ाले दो जीवों के बीच का मानसिक स्तर एक ही प्रकार का होता है। जिसके कारण दोनों के बीच वैचारिक एकता, ता, तादात्म्य, समझ, चिन्तन, विश्वास, श्रद्धा, आस्था एवं पूजापाठ एक ही प्रकार का होता है। उनके आराध्य भी ते हैं। जैसे यहाँ पर भगवान श्री राधा कृष्ण हैं। उस सम्बन्ध में एक आध्यात्मिक पवित्रता होती है। इसलिए बहुत में 'दास नारायण' 'दासी हेमा' के रूप में भगवान श्री राधा कृष्ण के प्रति समर्पण का भाव प्रस्फुटित होता रहा है। न्होंने स्वीकार कर लिया एवं वैसा ही गायन किया। कुछ पद ऐसे भी हैं जो काव्य पुस्तक के प्रकाशित होने तक ाहीं गाये गये हैं, परन्तु संकलन में प्रकाशित हो रहे हैं।

र

सभी शास्त्रीय व उपशास्त्रीय गायक-गायिकाओं ने मेरे भक्ति काव्य रचना को स्वर दिये हैं। उन सभी के प्रति ाभार।

ाभार है, वाणी प्रकाशन के श्री अरुण माहेश्वरी जी, उनकी पुत्री श्रीमती अदिति माहेश्वरी को, जिन्होंने इस भक्ति संग्रह को विशेष साज-सज्जा के साथ प्रकाशित करने का निर्णय लिया, साथ ही साथ दूसरी दोहों की पुस्तक भी न के लिए डॉ. उमेश चन्द्र शर्मा जी, शुभाशंसा के लिए डॉ. विमलेश कान्ति वर्मा जी एवं विशेष रूप से श्रीमती लिनी जी को जो अति-अति व्यस्त रहने पर भी प्रस्तावना के लिए समय निकाला।

हृदय से आभार व्यक्त करता हूँ डॉ. करूणा शंकर उपाध्याय जी, प्रो. राजेन्द्र त्रिपाठी जी एवं केशव राय जी को मेरे भक्ति काव्य के बारे में अपनी-अपनी अभिव्यक्तियों को लिखा और कहा प्रूफिंग करने के लिए, अनुज विवेक को और डॉ. राम दत्त मिश्र जी को सहज सहयोग के लिए हार्दिक धन्यवाद। डॉ. देव प्रकाश जी को। मेरे लिए के रूप में कार्य करने के लिए साधुवाद। पुस्तक के प्रकाशन हेतु।

ग जन्माष्टमी
ास्त, 2025

शक संवत् 2082
श्रावण माह कृष्ण पक्ष अष्टमी
श्रीकृष्ण जन्माष्टमी

अब जाग गयी भक्ति यारा

अब जाग गयी भक्ति यारा।
प्रीत रीत करके जग देख्यो,
मोहन अपना प्यारा।।

दुख में राम राम मुख निकसा,
एकई वही सहारा।
चतुर चित्त अब अँसुवन रोवे,
अन्त समय वो हारा।।

भक्ति की जमुना वृन्दावन,
पार करैं ये धारा।
'दास नारायण' देर से जान्यो,
हरि ही सदा हमारा।।

अब भोर भई है जागो मोहन

अब भोर भई है जागो मोहन,
माता तुम्हें जगावे।
तेरे वन्दन में रे मोहन, वृन्दावन नित गावै।।

मन्दिर मन्दिर तेरा वन्दन सन्तन हाथन माला,
तू तो मोहन सबको प्यारा मुरली मनोहर ग्वाला।
दे दो दर्शन भोर भई है मैया तुम्हें उठावे।।

तेरी एक मनोहर चितवन को ब्रजवासी तरसें,
तेरे दर्शन को नन्दलाला सखा आये हैं घर से।
गोपाला गोपाला कहके मंगलगान वो गावें।।

पक्षी भी लो जाग उठे हैं डाल डाल पर डोलें,
कृष्ण कृष्ण पक्षी के मुख पर 'नारायण' भी बोलें।
थाल सजा के गोप गोपियाँ अभिनन्दन को आवैं।।

अब कृपा क़रो तुम

अब कृपा करो तुम ठाकुर जी।।
मैं ठाकुर जी की दासी हूँ,
और हरि के प्रेम की प्यासी हूँ।
मैं हरि छवि की अभिलाषी हूँ।।
अब कृपा करो तुम ठाकुर जी

मैं ठाकुर जी के शरणा में।
और सदा रहूँ उन चरणा में।
जो अंग लगाये करुणा में।।
अब कृपा करो तुम ठाकुर जी

मैं ठाकुर जी के दर्शन में।
और उनके पूजन अर्चन में।
'दास नारायण' कीर्तन में।।
अब कृपा करो तुम ठाकुर जी

आरति करके अपने प्रभु की

आरति करके अपने प्रभु की,
हृदय में उन्हें बसाऊँगा।
चन्दन टीका माथ सजा के,
चरणामृत मैं पाऊँगा।।

मधुबन की छैंया शीतल है,
कृष्ण प्रेम की है छाया।
श्याम नाम की माला जप के,
मैंने सबकुछ है पाया।
भोर में हरि का दर्शन करके,
भजन उन्हें सुनाऊँगा।।

भक्ति बगियन फूल खिले हैं,
पवन बहे अब कृष्णा की।
गिरधर के पूजन से साधो,
क्षुधा मिटै नित तृष्णा की।
निरखि निरखि छवि अपने हरि की,
सुखमय दिवस बिताऊँगा।।

वन उपवन में रस बरसे है,
बंसी का स्वर गूँजा है।
हरि की प्रीत भक्ति में डूबूँ,
और न कोई दूजा है।
'दास नारायण' सेवा करके,
जीवन सफल बनाऊँगा।।

उपजत भक्ति श्याम सत्संगा

उपजत भक्ति श्याम सत्संगा।
ये तो पावन जैसे गंगा।।

तन मन की पीरा हर जावे,
सुख सम्पत्ति भी घर घर आवे।
तन मन हर दिन हर पल चंगा।।

चरण कमल पे शीश नवाऊँ,
श्याम की महिमा हर पल गाऊँ।
लीन रहूँ मन रहे उमंगा।।

जब दुखियारा मन हो जाये,
श्याम का चिन्तन मन को भाए।
'दास नारायण' हरि में रंगा।।

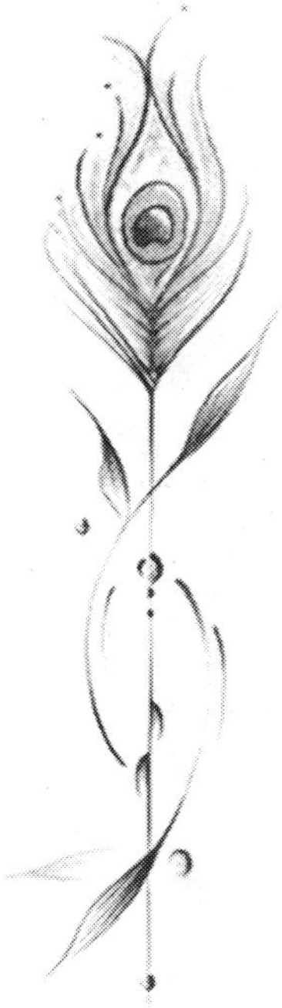

ऐसन रीझी प्रिय ब्रजबाला

ऐसन रीझी प्रिय ब्रजबाला।
नख सिख नयन श्याम सुन्दर हैं,
पीताम्बर तन डाला।।

सकुचि-सकुचि सब लुक छुप पावे,
दर्शन मदन मुरारी।
जाय-जाय सब चरणन लागी,
घर-घर की महतारी।
फूलन चुन-चुन माला बुन बुन,
डारै गल नन्दलाला।।

लाज छाड़ि सब भक्तिन बन कै,
जीवन अपना हारी।
गोविन्द के संग रास रचावैं,
रक्षक हौं बनवारी।
'दास नारायण' प्रेम विह्नल हौं,
चरन परूँ गोपाला।।

कर कमलन बंसी धरै हौं

कर-कमलन बँसी धरै हौं,
अधरन श्याम लगाए।
मन्द-मन्द मुस्कान अधर अजु,
नयनन श्याम लुभाए।।

मोर मुकुट हौं कृष्ण चन्द्र ते,
मोतियन मस्तक माला।
श्याम-श्याम हैं श्याम बदन हौं,
ब्रज का प्रिय गोपाला।।

बंसी स्वर में भींज-भींज के,
ब्रज ग्वालन सकुचाए।
'दास नारायण' दर्शन करके,
मन ही मन हर्षाए।।

काजल भगवत प्रेम का

काजल भगवत प्रेम का,
नयनों में लूँ डार।
कंठ में भक्ति की माला हो,
प्रभु सुमिरन का हार।।

नयनों को बस आस रही,
हरि दर्शन की आस।
प्यास लगे जब कंठ को,
प्रभु जल की हो प्यास।
कानों में जब भी पड़े,
हो सत्संग का सार।।

हाथों में जब भी मिले,
प्रभु चरणों के फूल।
हाथ करे चरणों की सेवा,
माथे चरणन धूल।
प्रीत करूँ प्रभु की भक्ति से,
ये है सच्चा प्यार।।

अधरों पर हर पल धरूँ,
प्रभु सुमिरन के बोल।
जिह्वा को पल-पल मिले,
हरि अमृत का घोल।
'दास नारायण' क़दम वहाँ पर,
जहाँ प्रभु का द्वार।।

कैसे जाओगे तुम प्राणी

कैसे जाओगे तुम प्राणी,
भव सागर के पार।
इसी प्रश्न को हल करने को,
हुआ कृष्ण अवतार।।
बोलो श्याम
बोलो श्याम

कृष्ण घाट से बिना मोल के,
हरि नाव है बहती।
जब चाहे इस नाव में बैठो,
सदा पार है करती।
सभी जीव इस घाट से जाकर उतरे बारम्बार।।
बोलो श्याम
बोलो श्याम

संकीर्तन पतवार बना है श्याम नाम की धारा,
भक्ति पवन के साथ में बहकर, मिलेगा तुम्हें किनारा।
तन से मन से तुम जाने को हो जाओ तैयार।।
बोलो श्याम
बोलो श्याम

लकड़ी की ये नाव नहीं है, श्रद्धा से है बनती,
कितनी भी कब तेज हवा हो, नहीं भँवर में फंसती।
'दास नारायण' दृढ़ निश्चय कर, हो जाओ भव पार।।
बोलो श्याम
बोलो श्याम

कृष्ण-कृष्ण भोरहिं मुख

कृष्ण-कृष्ण भोरहिं मुख बोलो।
कृष्ण नाम जपन करके दरस नयन खोलो।।

कृष्ण नाम जपन करके नदिया लहराई,
क्षितिज कृष्ण लालिमा उपवन तरुणाई।
कृष्ण-कृष्ण धुन गाओ अधर मधुर तोलो।।

कृष्ण की सुगन्ध लिए कलियाँ मुस्काईं,
मन्द-मन्द कृष्ण पवन डाली हरषाई।
'नारायण' कृष्ण जपो चरण शरण हो लो।।

कृष्ण है श्रद्धा कृष्ण है भक्ति

कृष्ण है श्रद्धा, कृष्ण है भक्ति, कृष्ण है विश्वास।
कृष्ण को बन्दे सुमिरन कर ले, कृष्ण है तेरे पास।।

जब-जब सुमिरा हरि भक्तों ने, उनके पास वो आया।
हर संकट को हरि ने हर के, मन सबका हरषाया।
सच्चे भक्तों के पापों का, पल में करता नाश।।

श्रद्धा से भक्ति है मिलती भक्ति से भगवान
करो अटल विश्वास रे प्राणी, गीता का है ज्ञान।
'दास नारायण' शरण तुम्हारी, पूरी कर दो आस।।

कृष्ण-कृष्ण कहिए

कृष्ण-कृष्ण कहिए उठि भोर।
भोर किरण के साथ कृष्ण कह वन में नाचे मोर।।

पक्षी के कलरव में वन्दन, वन्दन लहरें करतीं,
वन्दन करतीं बहें समीरें गाएँ हैं पग भरतीं।
कृष्ण-कृष्ण कह पुत्र जगा के माता होय विभोर।।

गुन गुन करके कृष्ण-कृष्ण कह भँवरे डोल रहे हैं,
कृष्ण-कृष्ण कह कमल पुष्प सब पंखुड़ी खोल रहे हैं।
वन्दन की आभा फैली है देखो चारों ओर।।

फूल टूट के धरा पे बिखरे इसी भाँति है वन्दन,
दूब के मुख पर ओस पड़ी है महक उठा है चन्दन।
कोयल कूक के वन्दन करती हंस करे किलोल।।

झरनों के गिरते जल ध्वनि में कृष्ण-कृष्ण का जप है,
पर्वत स्थिर ध्रुव की मुद्रा श्रीकृष्ण का तप है।
'दास नारायण' कृष्ण भक्ति में तन मन करै हिलोर।।

कृष्ण अब न डारो रंग

कृष्ण अब न डारो रंग।
नाम रंग में तन मन भीजा,
तोर भक्ति के संग।।

ये पिचकारी तो झूठी है तोर रंग न झूठा,
असली रंग मोरे तन में समाया श्याम रंग न छूटा।
पिचकारी रंग काहे डाले श्याम रंग सब अंग।।

रंग पिचकारी तो होली में मैं तो तेरी होली,
बारहों मासा रंग चढ़ा है चढूँ प्रेम की डोली।
श्याम-श्याम की रट अब लागी प्रेम की बहे तरंग।।

होली में सब हाला पीवे मेरी श्यामल हाला,
तू ब्रजवन्दन मुरली मनोहर श्यामल-श्यामल ग्वाला।
'दास नारायण' कृष्ण की हाला जो है असली भंग।।

कृष्ण की प्रीत निराली

कृष्ण की प्रीत निराली आली।
कृष्ण की प्रीत निराली,
भोर होत ज्यूँ सूरज निकले।
नभ पे छाए लाली।।

श्याम की भक्ति में सखि देखो,
आनन्द से दिन बीत्यो।
कृष्ण-कृष्ण की रट मैं लगा के,
सारे जग को जीत्यो।
तन उपवन में फूल खिले हैं,
पुष्प अंग सब डाली।।

तन चेतन मन पुलकित होवे,
महके दमके चन्दन।
भक्ति में मन रमा रहे नित,
करूँ सदा मैं वन्दन।
'दास नारायण' कृष्ण की भक्ति,
पतझड़ में हरियाली।।

कृष्ण-कृष्ण की रट लागी

कृष्ण-कृष्ण की रट लागी।
भोर होत गोविन्द के दर्शन,
जीव बड़ा बड़भागी।।

तजहूँ सवेरे मन विकार सब,
कृष्ण कृपा अनुरागी।

मन मन्दिर में कृष्ण समाए,
हरी भक्त वैरागी।

'नारायण' दोऊ हाथ जोड़ कर,
हर पल करें पलागी।

कृष्ण जल में भीग ले

कृष्ण जल में भीग ले पगले,
तन-मन शीतल होय।
श्याम घटा से बरसे पानी,
जल अमरित ही होय।।

शीतल फुहार सावन की है,
पवन बहे मोहन की।
रिमझिम-रिमझिम बरसे पानी,
श्याम भगति सावन की।
भीग ले पगले भीग ले मनवा,
जाने क्या कल होय।।

इन्द्रधनुष में श्याम दिखे हैं,
शोभा बरनि न जाए।
भक्ति रंग में मन विरमाए,
श्याम नाम रट भाए।
मान ले जोगी सुन ले योगी,
सुखदायी फल होय।।

वन उपवन आनन्द भयो है,
कुसुमन हरि तरुणाई।
निरखि-निरखि छवि श्याम सलोनी,
धरती है मुसकाई।
'दास नारायण' पुष्प सरोवर,
कृष्ण कमल दल होय।।

कृष्ण-कृष्ण काहे ना बोले

कृष्ण-कृष्ण काहे ना बोले,
व्याकुल मन जब इत उत डोले।।

धीरज जावे पग भरमावे,
निज मन ही निज तन को खावे।
श्याम चरण में मनुआ होले।।

इत-उत की रसना हम छोड़ें,
कृष्ण चरण में मुख अब मोड़ें।
'नारायण' हरि मन पट खोले।।

चलो भाई वृन्दावन के गाँव

चलो भाई वृन्दावन के गाँव।।

गोविन्द लीला की धरती है,
पल-पल कृष्ण की छाँव।।

प्रेम सुधा रस हर पल छलके,
पग-पग हरि के पाँव।
पार करै गोविन्दा प्यारा,
हरि की बैठे नाव।
'दास नारायण' शरण तुम्हारी,
चरण हैं सुन्दर ठाँव।।

चलो मन वृन्दावन की ओर

चलो मन वृन्दावन की ओर,
प्रेम का रस जहाँ छलके है।
कृष्ण-नाम से भोर।।

भक्ति की रीत जहाँ पल पल है,
प्रेम-प्रीति की डोर।
राधे-राधे जपते जपते,
दिख जाए चितचोर।।

उषा की लाली के संग जहाँ,
कृष्ण कथा रस बरसे।
राधा रास बिहारी मन्दिर,
जाकर मनवा हरषे।
ब्रज की माटी चन्दन जैसी,
मन हो जाए विभोर।।

वन उपवन में कृष्ण की छाया,
शीतल मन हो जाए।
मन भी हो जाए अति पावन,
कृष्ण कृपा जो पाए।
'दास नारायण' शरण तुम्हारी,
कृपा करो इस ओर।।

जनम-जनम का मैं हूँ प्यासा

जनम-जनम का मैं हूँ प्यासा दर्शन दो तर जाऊँ।
भजन सुमन की माला बुनकर तुमको आज चढ़ाऊँ।।

हृदय की धड़कन साज बने हैं कहता आज पुजारी,
ये जीवन है तुझको अर्पित दर्शन दो मुरारी।
तेरे चरण अश्रु से धोऊँ प्रेम अँसुवन से नहाऊँ।।

भक्तों के सम्मान में तुमने अपना पद भी हारा,
सारथी अर्जुन के बने विष मीरा को प्यारा।
भगत के आँसू व्यर्थ जाय न हिय में तुम्हें बसाऊँ।।

तू मेरी पुकार को सुन ले नहीं तो जग हँसेगा,
तेरी पूजा कैसी होगी कौन विश्वास करेगा।
मेरे प्राण निकस जैहैं बिन दर्शन अकुलाऊँ।।

सारा जीवन दास रहा मैं अब है शाम की वेला,
पीड़ा मेरी हर लो प्रभु जी छोड़ो नहीं अकेला।
'दास नारायण' दर्शन चाहें चरणन शीश झुकाऊँ।।

जिन उर ने श्याम बसाय लियौ

जिन उर ने श्याम बसाय लियौ,
प्रभु चरणन माथ नवाय लियो।
उन तिनहूँ लोक बनाय लियो।।

जो भक्ति से प्रभु को लुभाय लियो,
नित प्रेम से उनको रिझाय लियो।
ते अँखियन दरस कराय लियो।।

जो श्यामलि तिलक लगाय लियो,
छवि में मन को उलझाय लियो।
तब सुन्दर जनम कमाय लियो।।

जेहि मन पूजा में रमाय लियो,
नित भजन कीर्तन गाय लियो।
सो 'नारायण' हरि पाय लियो।।

तन-मन तरपे नित मैं चाहूँ

तन-मन तरपे नित मैं चाहूँ,
चरणामृत नन्दलाल का।
गोप गोपियाँ गैया गोकुल,
ज्ञान ध्यान गोपाल का।।

बनवारी गोवर्धन धारी,
कुँवर कन्हैया ग्वाल का।
मुरली मनोहर राधा स्वामी,
श्याम सुन्दर ब्रजपाल का।।

मधुसूदन करुणा के सागर,
नटवर दीन दयाल का।
'दास नारायण' अँखियाँ प्यासी,
दरसन हो यदुपाल का।।

तुम पीर हरो ब्रज के स्वामी

तुम पीर हरो ब्रज के स्वामी।

चलते-चलते पग मेरो हारे,
कारन कौन भुलाए।
सदा रही है आस तुम्हारी,
मारग कौन बताए।
कभी गिरा ना भक्त वो तेरो,
तुमने बाँह जो थामी।।

चैन रैन निस दिन खोवत है,
नयनन आँसू आवे।
क्षमा करो अपराध हमारो,
बालक भटक की जावे।
'दास नारायण' मुख ना बोले,
तुम तो अन्तर्यामी।।

तुम पीर हरो ब्रज के स्वामी

तुम पीर हरो ब्रज के स्वामी,
काकर-कीकर लता पात लो।
तर गए सारे कामी।।

जेई-जेई चरन तिहारे आए,
तेई-तेई उनन उठाए।
चरनदास तेरे चरणन में,
कारन कौन भुलाए।
कभी गिरा ना भक्त वो तेरो,
तुमने बाँह जो थामी।।
तुम पीर हरो ब्रज के स्वामी

चैन रैन निस दिन खोवत है,
नयनन आँसू आवे।
क्षमा करो अपराध हमारो,
बालक भटक की जावे।
'दास नारायण' मुख ना बोले,
तुम तो अन्तरर्यामी।।
तुम पीर हरो ब्रज के स्वामी

तूने हीरे मोती पाये

तूने हीरे मोती पाये मैंने पाया राम रतन।
तूने कण-कण श्याम को ढूँढ़ा मेरे संग रहे भगवन।।
तूने हीरे मोती पाये

तूने माया के चक्कर में मन अपना भटकाया,
मैंने श्याम से प्रीति लगा के धन सन्तोष है पाया।
गहने पहने श्याम नाम के ध्यान में उनके मगन।।
तूने हीरे मोती पाये

तूने ओढ़ी रेशमी चादर तन की मैल छुपाने को,
मैंने ओढ़ी श्याम चुनरिया श्याम नाम लिपटाने को।
मेरे मन में श्याम बसे हैं, क्यूँ जाऊँ मैं उपवन।।
तूने हीरे मोती पाये

तूने मन्दिर-मन्दिर ढूँढ़ा मैंने देखा निज मन में,
घर-घर में है श्याम की ज्योति वो तो बसे हैं नयनन में।
'दास नारायण' श्याम का सुमिरन श्याम का है वन्दन।।
तूने हीरे मोती पाये

तू क्यूँ देखे दर्पण

तू क्यूँ देखे दर्पण में मुख,
कैसा चेहरा कर डाला।
दया धरम तेरे मन में नहीं है,
भक्ति ज्ञान बिन मुख काला।।

सँवर-सँवर के नित्य निकलते,
नहीं सँवारा चिन्तन को।
हृदय पर काली लेप चढ़ी है,
भूल गये सच मन्थन को।
मुख पर नहीं कहे कोई जो,
मर्यादा का है ताला।।

परोपकार उपकार को भूले,
अपना-अपना सदा किया।
रखा रहा अमृत का प्याला,
ज़हर-ज़हर ही सदा दिया।
'दास नारायण' पी ले पी ले,
छोड़ ज़हर हरि का प्याला।।

दर-दर भटक रहा हूँ

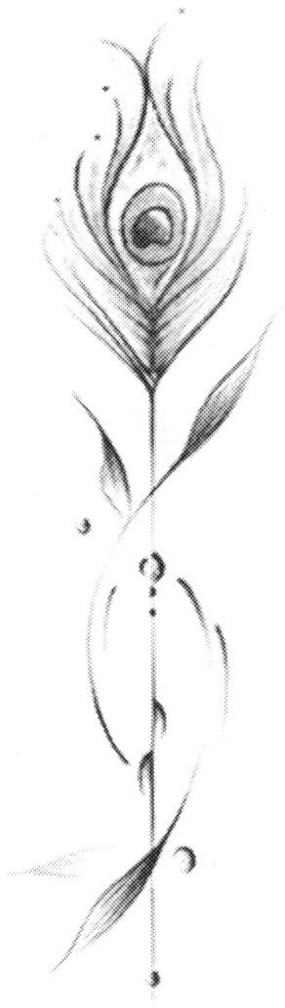

दर-दर भटक रहा हूँ प्रभु जी अब तो कृपा कर दो।
राम मेरी झोली भर दो श्याम मेरी झोली भर दो।।

तुम्हरी कृपा होय तो प्रभुजी,
पंगु पाँव पा जाता।
तुम्हरी कृपा होय तो प्रभुजी,
अन्धा दर्शन पाता।
अबकी कृपा करो तुम प्रभुजी,
मेरी पीड़ा हर लो।।

तुम्हरी कृपा होय तो प्रभुजी,
बिना पंख उड़ जाऊँ।
तुम्हरी कृपा होय तो प्रभुजी,
सेतु बिना तट पाऊँ।
अब तो कृपा करो तुम प्रभुजी,
जीवन मेरा सँवर दो।।

चलते-चलते पाँव थके हैं,
सुबह आस की वेला।
मुझ पापी की पीर हरो तुम,
छोड़ो नहीं अकेला।
'दास नारायण' माँगे भिक्षा,
ऐसा अपना वर दो।।

नन्दलाल ब्रजपाल ग्वाल

नन्दलाल ब्रजपाल ग्वाल की भक्ति में खो जाऊँ।
मन मोहन चितचोर मोर हैं श्याम कृष्ण को पाऊँ।।

ब्रजनन्दन की प्रीति रीति में सारा जग है सुन्दर,
भक्ति के संग प्रेम की धारा मन मेरा है मन्दिर।
मोक्ष की इच्छा मैं ना चाहूँ भक्ति को अपनाऊँ।।

रूप सलोना सुन्दर-सुन्दर, सुन्दर श्याम सलोने,
चरण प्रभु के चारों तीरथ चला मैं उनका होने।
'दास नारायण' भक्ति चाहे भक्ति पद मैं गाऊँ।।

नयन पलक तो सिंहासन है

नयन पलक तो सिंहासन है,
इस पर श्याम विराजैं।
अधर फलक है सुन्दर आसन,
इस पर कृष्ण साजैं।।

हृदय पटल तो झूला है जी,
श्री हरि इसमें झूलैं।
हरि नाम है जीवन रसना,
इसमें हम सब भूलैं।
नयन अधर और हृदय पटल पर,
श्याम हरी नित राजैं।।

अंग अंग में हरि चन्दन की,
लेप बास है बासै।
रोम रोम में हरी नाम की,
सुन्दर छवि सुहासै।
'दास नारायण' साँस की लय में,
तेरे स्वर ही बाजैं।।

नयन नीर बहे

नयन नीर बहे।।

श्याम की पीर सहे।
अँखियन आस रहे।।

मन मोर नित्य कहे।
प्रिय पीव तोय वहे।।

कौउनन् गाँव गहे।
दर्शन उनन चहे।।

छवि की लगन लगे।
प्रीति की रीति यहे।।

'श्यामदास' की चाह।
पुलकित जिया लहे।।

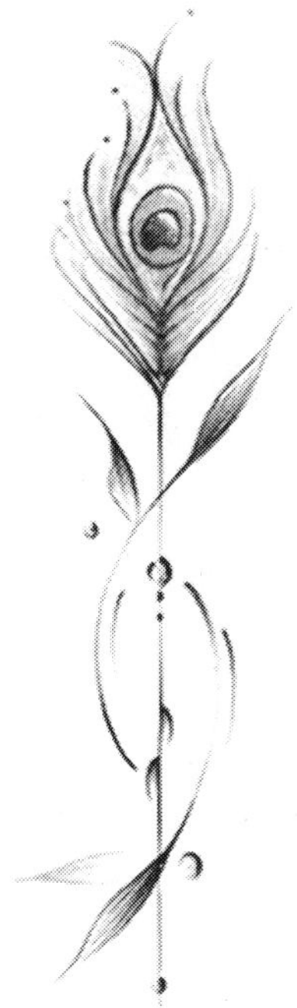

श की शीर्षस्थ शास्त्रीय गायिका गान सरस्वती 'श्रीमती किशोरी अमोनकर' ने इस पद को 'श्याम दास' के विशेष
गायन किया। वो कविवर 'नारायण अग्रवाल' को 'श्याम दास' के नाम से जानना पसन्द करती थीं।)

ना राधा ना मीरा

ना राधा ना मीरा हूँ मैं, मैं तो कृष्ण दिवानी।
इसी नाम को जप-जप-जप के मूरख हो गये ज्ञानी।।

मगन रहूँ मैं श्याम नाम में रोम रोम में कृष्णा,
इसी नाम को जप-जप-जप के मिट गयी सारी तृष्णा।
राधा कृष्ण बनी राधा जी हो गयी राधा रानी।।

नयनों में मेरे प्रभु रहते अधरों पे हैं बसते,
उनकी छवि को देख-देख के नयन मेरे विहँसते।
इसी नाम को जप-जप-जप के मैं तो हुई सयानी।

न खंजरी न इकतारा न पैरों में हैं घुँघरू,
न माला न कंठी कोई श्याम-श्याम बस सिमरूँ।
'दास नारायण' सखियों के संग ओढ़ चुनरिया धानी।।

निरखि-निरखि छवि

निरखि-निरखि छवि नन्दलाल की,
अँखियन हृदयहिं नाहि अघावै।
कुंज-निकुंज पराग कुसुम ते,
कृष्ण-मुरार सुगन्ध सुहावै।।

मन्दिर-मन्दिर द्वारे द्वारे,
गोविन्द गीत गुनी सुनावैं।
घंट-मृदंग पखावज शंख ध्वनि,
जय गोविन्द कह सबै बजावैं।।

ऋषि मुनि देव गान्धर्व गुनीजन,
विष्णु लोक सुमन बरसावैं।
'दास नारायण' ऐसन छवि पे,
जीवन अपना बलि-बलि जावैं।

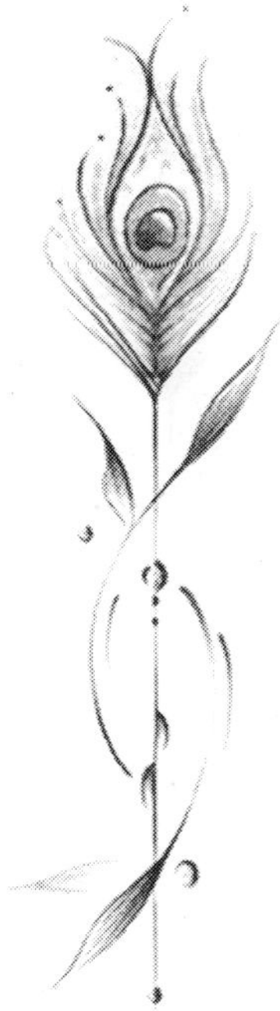

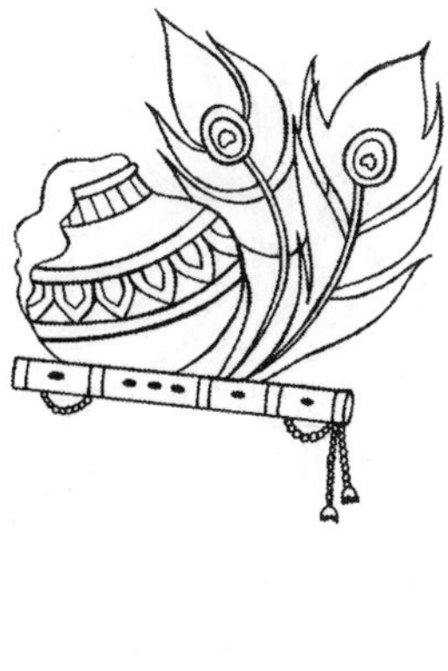

नैना हरि दर्शन को अधीर

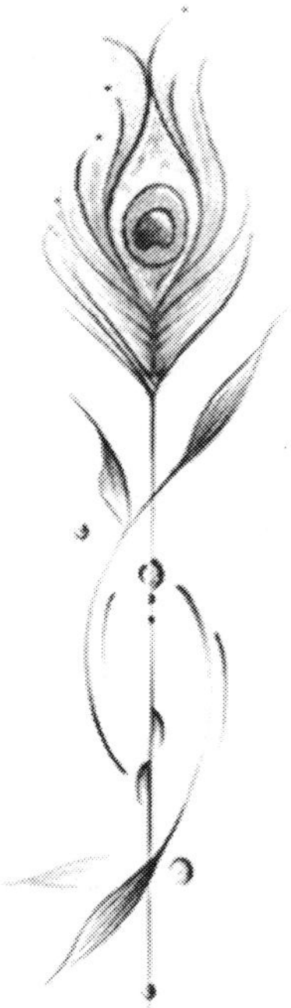

नैना हरि दर्शन को अधीर।

मन में लौ जली श्याम की,
तन में बस गयी पीर।।

जब से लगन श्याम संग लागी,
मन में भक्ति ज्योति है जागी।
प्रेम की बहत समीर।।

अधरन मुरली छबी निराली,
मैं सुध खोई सुन री आली।
ढूँढूँ उपवन तीर।।

'नारायण' को दर्शन देवो,
दासी की नैया को खेवो।
छूटत है अब धीर।।

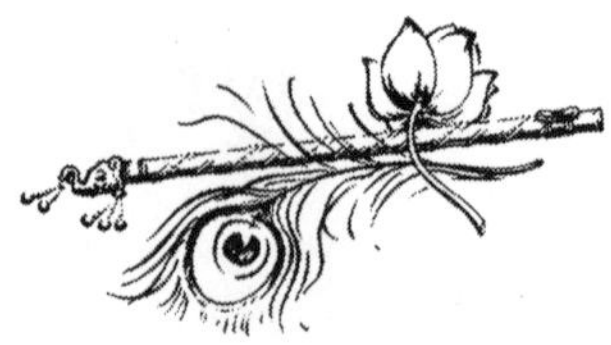

पलना झूलै नन्द गोपाल

पलना झूलै नन्द गोपाल।।

रेशम डोरी चन्दन पलना,
काजल टीका भाल।
बजै झुनझुना किलकारी ले,
ताल बजावै ग्वाल।।

राई नोन ते नजर उतारैं
मैया भई निहाल।
हुलक-हुलक प्रभु पकड़न चाहैं,
मैया चूमें गाल।।

जो सुख जसुमति पल-पल पावै,
दुर्लभ ऋषि मुनि काल।
'दास नारायण' बलि-बलि जावें,
देख छवि नन्दलाल।।

पूरब में सूरज की लाली

पूरब में सूरज की लाली,
बेला हो हरि सुमिरन की।
श्रीहरि के नव जल से नहा के,
सुन्दर छवि ले दर्शन की।।

वन उपवन में पक्षी जागे,
जड़ चेतन सब जाग पड़े।
भोर की वेला स्वर लहरी में,
हरि सुमिरन का राग छिड़े।
हरि-हरि बोलो हरि-हरि जप लो,
रहे वन्दना अर्चन की।।

मन्दिर-मन्दिर शिविर-शिविर में,
घड़्याल घंटा बाजे।
शंख नाद ध्वनि होय आरती,
मंजीरा ताली बाजे।
'दास नारायण' के मन भक्ति,
और भावना अर्पण की।।

प्रभु के चरणारविन्द में प्राणी

प्रभु के चरणारविन्द में प्राणी,
शरणागत तुम हो जाओ।
पापों का शोधन कर प्राणी,
परमानन्द को तुम पाओ।।

श्रीकृष्ण तो परम तत्त्व हैं,
परम धाम और पावन हैं।
सदा सनातन आदि देव हैं,
भक्ति योग मन भावन हैं।
ध्यान कीजिए श्रीकृष्ण का,
तन्मय होकर गुण गाओ।।

जनम-मरण के भय से प्राणी,
मुक्त करो तुम चित अपना।
सभी साधना पूरण होगी,
श्रीकृष्ण को ही जपना।
सुमिरन करके श्रीकृष्ण का,
अन्धकार को दूर हटाओ।।

असित नारद व्यास ऋषि भी,
जिनका गान सदा करते।
श्रीकृष्ण के श्रीचरण में,
शीश 'नारायण' हैं धरते।
श्रीकृष्ण ही परम ब्रह्म हैं,
अमर ज्योति को फैलाओ।।

प्रेम की रसना श्याम नाम है

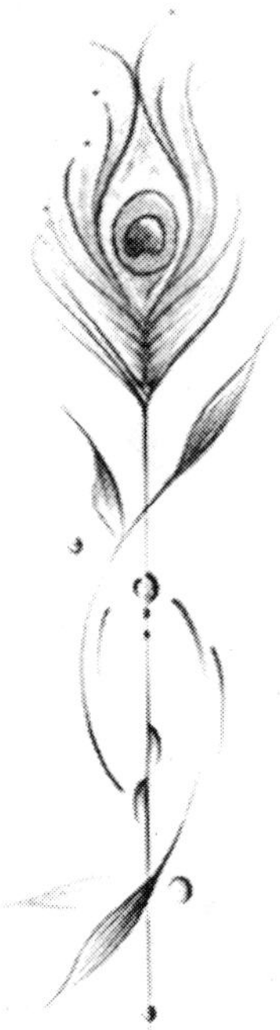

प्रेम की रसना श्याम नाम है भक्ति की रसना राधा।
राधे श्याम सुमिर ले मनवा कट जाएगी बाधा।।

प्रेम भक्ति का ऐसो संगम जैसे गंगा जमुना,
श्री श्याम के श्री चरण में शीश प्रेम से धरना।
बिना श्याम राधे के जीवन रह जाएगा आधा।।

राधे ने श्री श्याम को जप कर ऐसा सत्पथ पाया,
श्याम तो राधेश्याम हुए और सन्तों ने अपनाया।
उस प्राणी ने सद्‌गति पाई जिसने श्याम को साधा।।

श्याम न होते तो फ़िर राधा किससे प्रीत जताती,
श्याम की भक्ति कैसे करती किसको फिर अपनाती।
'नारायण' संग श्याम की भक्ति सभी जनम का वादा।।

ब्रजनन्दन अमरित बरसाओ

ब्रजनन्दन अमरित बरसाओ।।

चन्द्र बदन रूप नीरज सों,
मन समाय विकसे हरषाओ।
चार पहर भक्ति वन्दन में,
अपना श्याम रूप दरसाओ।
हरषत हृदय माहि दर्शन ते,
नयनन आज मोहि बस जाओ।।

मन तो वृन्दावन बन जावे,
अंग-अंग में तुम मुस्काओ।
चरण पूज चरणामृत पाऊँ,
हृदयहिं में बस अबहि समाओ।
'दास नारायण' नयन ज्योत तुम,
चरणों में हे प्रभु अपनाओ।।

भक्ति का कृष्ण है सागर

भक्ति का कृष्ण है सागर राधा प्रेम की गागर।
गागर में सागर को समाकर राधा बनी सुधाकर।।

प्रेम की गागर घट-घट छलकी भक्ति की मदुराई।
श्याम से अपने नेह लगा के गागर यूँ छलकाई।
भीगा ब्रज का कोना-कोना कृष्ण प्रेम को पाकर।।

वन उपवन में प्रेम बेल है गली-गली में भक्ति।
कृष्ण रंग में रंग के बन गयी राधा श्यामल शक्ति।
प्रेम में जोगन सबकुछ पा गयी सारे धन को लुटाकर।

मीरा ने भी प्रेम किया नित श्याम चरण को ध्याया।
भक्ति की अग्नि में तपकर उसने सबकुछ पाया।
'दास नारायण' दास बने हैं कृष्ण में निज को समाकर।।

भोर किरण के साथ हरि का

भोर किरण के साथ हरि का मंगल गान करें।
हरि-हरि सुमिरें हरि हरि बोलें हरि का ध्यान धरें।।

भानु क्षितिज पर हाथ कलश ले चरण प्रकाश बिखेरे,
हरि चरणों को सरिता धोवे नित-नित प्रात सवेरे।
शीश धरुँ हरि के चरणों में प्रभु कल्याण करें।।

झरनों की धारा ऐसी जस प्रभु को जल का अर्पण,
वन उपवन में पुष्प खिलें जो प्रभु को होय समर्पण।
गगन झुका है प्रभु चरणों में वो सम्मान करें।।

पवन सुगन्धा महक बिखेरे हरि की सुगन्ध लपेटे,
कृष्ण गोविन्द व्यंकटरमणा सारे दुख को मेटे।
'नारायण' हरि-हरि नारायण हर पल गान करें।।

मंगल प्रभात की मंगल बेला

मंगल प्रभात की मंगल बेला जागो नन्द दुलारे।
श्याम-श्याम कह मात जगावे सखा खड़े हैं द्वारे।।

भोर की किरणें तेरे मुख को झुक के चूम रही हैं,
अरुणोदय का स्वागत करके सखियाँ झूम रही हैं।
श्री गोपाल नयन तो खोलो बाबा नन्द हैं द्वारे।।

उपवन में पक्षी जागे हैं जागा है ब्रज मंडल,
तेरा दर्शन करके मोहन मिलेगा सबको संबल।
'दास नारायण' कृष्ण का दर्शन सारे पाप निवारे।।

मन का प्रभु तुम ताप मिटाओ

मन का प्रभु तुम ताप मिटाओ।
नयनों में मेरे बस जाओ।।

तुमरी छवि है प्रेम सुधा रस,
नयनों में बस जाए बरबस।
प्रभु जीवन को तुम हरषाओ।।

तुम जीवन को देने वाले,
पीड़ा को तुम हरने वाले।
प्रभु अमृत जल अब बरसाओ।।

करो क्षमा सारे अपराध,
वीणा का अब भर दो नाद।
'नारायण' अब हृदय में आओ।।

मनमोहन अब जाग उठो मोहन

मनमोहन अब जाग उठो मोहन।

तेरा दर्शन मोहन,
हर्षित करता तन-मन।
बाल सखा सब ठारे,
दर्शन दो नन्दन।
तू ही बृज का चन्दन,
तू है वृन्दावन।।

पीताम्बर तन डारे,
मोर पंख साजे।
करूँ तोर आरति,
शंख ध्वनि बाजे।
'दास नारायण' करें,
तोहे नित वन्दन।।

मुरली का भाग्य निराला

मुरली का भाग्य निराला,
सात सुरों की अमृत सरगम।
बजाए नन्द लाला।।

मन का उजला, तन का काला,
ऐसा नन्द का लाला।
मुरली धुन को जब भी छेड़े,
रीझै ब्रज की बाला।।

सबके मन की पीर हटाए,
ऐसी बंसी वाला।
सुर की सरिता बहा रहा है,
श्यामल गोकुल वाला।

बाँस की बंसी अधर पे खेले,
उसका खेल निराला।
'दास नारायण' सुनो रे साधो,
जप लो कृष्ण की माला।।

मैं दासा हूँ तुम हो स्वामी...

मैं दासा हूँ तुम हो स्वामी,
झोली मेरी भरना।
थके पाँव और खाली झोली,
नज़र इधर भी करना।।

दुखिया मन में आस बहुत है,
तुम ही मेरे सहारा।
नैया मेरो डूब रही है,
सूझे नहीं किनारा।
'दास नारायण' पीर बहुत है,
प्रभु जी उसको हरना।।

मैया मोरी दाऊ संग न खेलिहौं

मैया मोरी दाऊ संग न खेलिहौं,
बात-बात पे करै ठिठोली।
यमुना तट न जइहौं।।

कभी कहत है लम्बी चोटी,
तू तो लागे छोरी।
कभी कहत है तू है कारो,
मैया तोरी गोरी।
है पड़ोस में मैया तोरी,
तोहे मैं न बतैहों।
मैया मोरी दाऊ संग न खेलिहौं

कभी कहत है मोल तू आयो,
दाम न तोहे बोलिहौं।
पर्यो मिलयो यमुना तट भोरहिं,
तोहे न समझइहौं।।
'दास नारायण' प्रभु की लीला।
पुनि-पुनि आगे कहिहौं।।
मैया मोरी दाऊ संग न खेलिहौं

मैया मोरी मैं नहीं वस्त्र चुरायौ

मैया मोरी मैं नहीं वस्त्र चुरायौ।।

भोर होत यमुना तट देख्यो,
गोपियन वस्त्र पड़्यो हैं।
चढ़ पेड़ में कर्‌यो गुहार,
क्या वस्त्र रतन जड़्यो हैं।
जेई वो छोड़ चली जल में माँ,
लज्जा हेतु लड़्यो हैं।
सुनि गुहार गोपियन जल ऊपर,
पुनि मैं डपट लगायो।।

बिना वस्त्र तन की लज्जा क्या,
गोपियन को समझायो।
भरी सभा में एइ बालक जो,
द्रौपदी चीर बढ़ायो।
वहि ते बालक फिर कैसे माँ,
गोपियन वस्त्र उठायो।
'नारायण' न करैं ठिठौली,
असली बात बतायो।।

मोहन अब न डालो रंग...

मोहन अब न डालो रंग,
तोर रंग में तन-मन भीजा, तोर प्रेम के संग।
ये पिचकारी तो झूठी है, पिचकारी रंग झूठा,
असल रंग तो तन में समाया, श्याम रंग न छूटा।
पिचकारी रंग काहे डारे, श्याम रंग सब अंग।।

रंग पिचकारी तो होली में, मैं तो तेरी हो ली,
तन मन मोरे रंग चढ़ा है, चढ़ूँ प्रेम की डोली।
श्याम-श्याम की रट अब लागी, प्रेम की बहे तरंग।।

होली में सब हाला पीवे, मेरी श्यामल हाला,
तू ब्रजनन्दन मुरली मनोहर, श्यामल गोकुल वाला।
'नारायण' भक्ति की हाला जो है असली उमंग।।

यदि कृष्ण इस दुनिया में

यदि कृष्ण इस दुनिया में,
अवतारी न होते।
हम अभिलाषी दरस दिवाने,
अँसुवन हार पिरोते।।

जसुमति किससे लाड़ जताती,
राधा किसके मन को भाती।
अमर प्रेम भक्ति की पीड़ा,
मीरा गली-गली क्या गाती।
कृष्ण सुदामा के चरणों को,
कैसे नीर से धोते।।

मुरली धुन फिर कहाँ से आती,
तन-मन को कैसे हरषाती।
वैष्णव जन को कैसे मिलती,
धर्म सूर्य की प्रेम प्रभाती।
इस दुर्लभ अमृत सागर में,
कैसे लगाते गोते।।

गोवर्धन को कौन उठाता,
अर्जुन रथ को कौन चलाता।
गीता अमृत वाणी वर्षा,
हम पर फिर कौन कराता।
'दास नारायण' दास-दासियाँ,
कैसे चैन से सोते।।

राधा रास बिहारी

राधा रास बिहारी, बसो मन मन्दिर में,
राधा रास बिहारी, हँसो मन मन्दिर में,

भक्ति करूँगा प्रभु,
कीर्तन करूँगा,
गलती करना माफ।
बसो मन मन्दिर में।।
राधा रास बिहारी,
बसो मन मन्दिर में।।

पंखा झलाऊँगा अब,
भोग लगाऊँगा,
मन की रसना आप।
बसो मन मन्दिर में।।
राधा रास बिहारी,
बसो मन मन्दिर में।।

टीका लगाऊँगा और,
अक्षत चढ़ाऊँगा,
मन का गहना आप।
बसो मन मन्दिर में।।
राधा रास बिहारी,
बसो मन मन्दिर में।।

शैया बिछाऊँगा और,
शयन कराऊँगा,
'नारायण' मन जाप।
बसो मन मन्दिर में।।
राधा रास बिहारी,
बसो मन मन्दिर में।।

वृन्दावन की कुंज गलियन में

वृन्दावन की कुंज गलियन में इक तारा ले डोलूँ।
श्याम-श्याम की अब रट लागी कृष्ण-कृष्ण मैं बोलूँ।।

मीरा जैसी लगन लगी है राधा जैसी पीरा,
नित-नित श्याम का दर्शन चाहूँ जैसे राधा मीरा।
नयनन में बस श्याम बिराजे हृदयन पट मैं खोलूँ।।

कुंज-निकुंजन में दर्शन हो बाँके लाल बिहारी,
मैं मोहन के प्रेम में भीगी प्रेम में सब कुछ हारी।
'दास नारायण' दासी बनके मैं मोहन की होलूँ।।

श्याम नाम पावन जस गंगा

श्याम नाम पावन जस गंगा,
तन मन की पीरा हर जावे।
सुख सम्पत्ति भी घर-घर आवे।
अब मन करो श्याम सत्संगा।

जब दुखियारा मन हो जावे,
श्याम का चिन्तन मन को भावे।
ध्यान करूँ मन रहे उमंगा।।

चरण कमल पे शीश नवाऊँ,
श्याम की महिमा हर पल गाऊँ।
'दास नारायण' तजे कुसंगा।।

श्याम चरण मन भाए

श्याम चरण मन भाए,
उठत-बैठत जागत-सोवत।
हरि छवि सदा सुहाए।।

इत-उत पल-पल छिन-छिन देखूँ,
चन्द्र रूप मुस्काए।
बन्द करूँ जो अँखियन आपन,
हिय नयनन दर्शाए।।

अंग अंग ते रोम रोम में,
श्यामल छवि हरषाए।
'दास नारायण' जनम धन्य भयो,
दोऊ लोक बन जाए।।

श्याम-श्याम की रट अब लागी

श्याम-श्याम की रट अब लागी।।

तन-मन सुमिर रुधिर सम दौरे,
रोम रोम में आगी।।

ताप जुड़ात जल जर जर जाए,
कुआँ छोर मैं भागी।।

'दास नारायण' कहे, री सखी मैं,
श्याम भक्ति संग जागी।।

श्री राधे गोविन्द संग मेरो मन लाग्यौ

श्री राधे गोविन्द संग मेरो मन लाग्यौ।।

तज के मोह माया, हरि ही मन भाया,
हरि की भक्ति अमोल, हरि से है मांग्यो।

झूठी जग की प्रीति, दुख में न कोई मीत,
प्रभु में है आनन्द, सब जग त्याग्यो।

अन्त समय जब होय, जाय न संग कोय,
'नारायण' के संग-संग भाग्य मेरो जाग्यो।

साँझ आरती मंगल ध्वनि संग

साँझ आरती मंगल ध्वनि संग,
कृष्णा के गुन गाऊँ।
शरणागत हो श्याम-श्याम जप,
चरणामृत को पाऊँ।।

गौवें ग्वाले घर को लौटे,
पक्षी नीड़ में आये।
सूर्य देव विश्राम स्थली,
धीरे-धीरे धाए।
साँझ आरती भजन मंडली,
कीर्तन सबहिं कराऊँ।।

दीप जला के प्रभु चौखट पर,
सुन्दर दीप सजाऊँ।
हरि हरि हरि हरि हरि जपके,
हरि पद श्याम सुनाऊँ।
'दास नारायण' साँझ की वेला,
हरि छवि नैन बसाऊँ।।

साँझ भई है प्रभु जी आओ

साँझ भई है प्रभु जी आओ,
मन में बसने मेरे।
निकस गये थे भोरहिं प्रभुजी,
तुम तो बहुत सवेरे।।

मधुवन उपवन जमुना तट पे,
तुमने रास रचाया।
वन उपवन में वृन्दावन में,
रस तुमने बरसाया।
'दास नारायण' व्याकुल अँखियाँ,
दुख है मन को घेरे।।

सूरदास का इकतारा

सूरदास का इकतारा, मीरा करताल ये कहती।
कृष्ण भक्ति की धारा, सन्तों सदा सनातन बहती।।

इसमें डुबकी लगा-लगा के,
जनम सफल कर लेवें।
इस गंगा में डुबकी लगा के,
पीड़ा सब हर लेवें।
नारायण की भक्ति कर लो,
कलकल धारा कहती।।

प्रेम भक्ति के मर्म का अन्तर,
तारा मन का बोले।
ताल कहे करताल का,
कृष्ण नाम का हो ले।
'दास नारायण' कृष्ण नाम से,
हर जीवों की बनती।।

हरि को काहे मनवा भूला

हरि को काहे मनवा भूला।
हरि तो है सावन का झूला।।

जीवन है सुख दुख का मेला,
हर पग पर तू रहे अकेला।
सुमिरन कर ले चारों वेला।।

इस मेले में दर्द खिलौना,
ये मेला है इक मृगछौना।
जो सुख है माटी का ढेला।।

प्रभु का जो करते हैं सुमिरन,
सुमिरन से जीवन है उपवन।
'नारायण' हरि जगत समूला।।

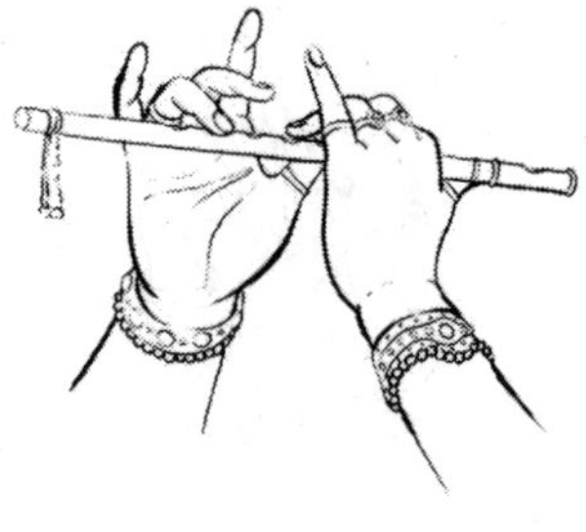

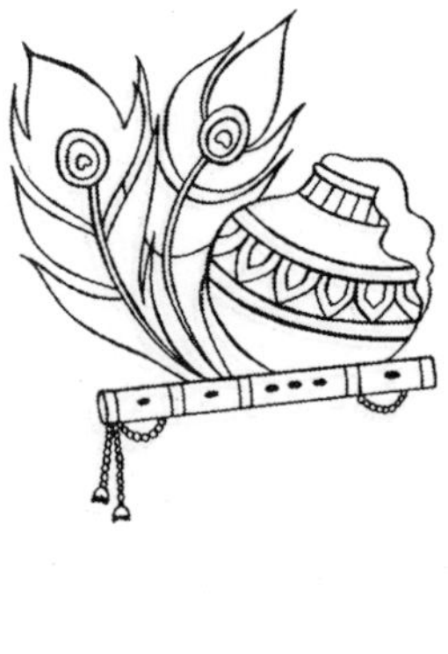

हरि ॐ तत् सत्

हरि ॐ तत् सत् हरि ॐ तत् सत्
सबहिं विकार हटाओ मन से,
मन आनन्द-आनन्द प्रभो।
पाप ताप दुख क्लेश मिटा दो,
राखो तन मकरन्द प्रभो।।
हरि ॐ तत् सत् हरी ॐ तत् सत्

नाम आपका सुमरूँ निस दिन,
राखो मन आनन्द प्रभो।
'दास नारायण' सुमरे निस दिन,
राखो जन आनन्द प्रभो।।
हरि ॐ तत् सत् हरी ॐ तत् सत्

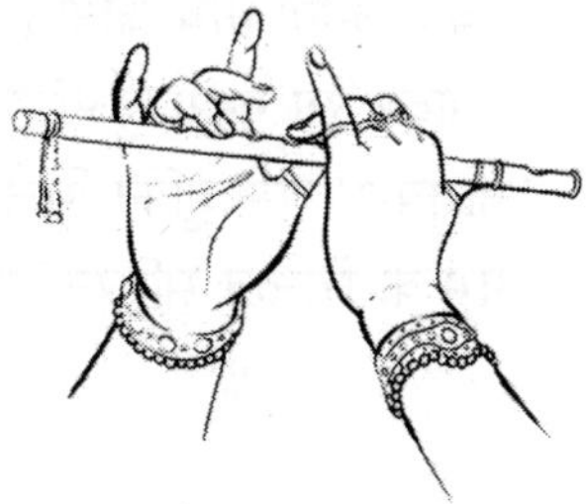

हरि नाम का जाप

हरी नाम का जाप करें हम,
मोक्ष मिलेगा वन्दन से।
हम चाहें यदि अपनी मुक्ती,
जनम-मरण के बन्धन से।।

भक्ति योग का मार्ग सरल है,
भक्ति योग रस पीना है।
दास बने हम हरि चरणों के,
चरणों में ही जीना है।
अमृत रस हम पा ही लेंगे,
श्याम क्षीर मन मन्थन से।।

परम पदों को पा जाएँ,
पद पाएँ परम सुखों का।
सब पीड़ा हरि हर लेंगे,
बोझ हटेगा सब दुखों का।
प्रीत हमारी सच्ची हो यदि,
गोकुल जसुमति नन्दन से।।

लख चौरासी भटक भटक के,
मानव जनम हुआ है।
कब आना कब जाना है,
बादल सा गहरा धुआँ है।
'नारायण' बस मुक्ति मिलेगा,
प्रभु के चिन्तन सुमिरन से।।

हरि-हरि राधे गोविन्द

हरि-हरि राधे गोविन्द,
मेरो मन लाग्यो।।

तज मन तू मोह माय,
हरि बिन न कछु सुहाय।
हरि-हरि की भक्ति पीर,
हरि हमार भाग्यो।।

झूठ जग की रीत प्रीत,
दुख में न कोई मीत।
हरि को अपनाय के,
जगत सब त्याग्यो।।

अन्तिम जब साँस होय,
अपने न संग कोय।
'नारायण' हरि संग नेह
जनम भाग्य जाग्यो।।

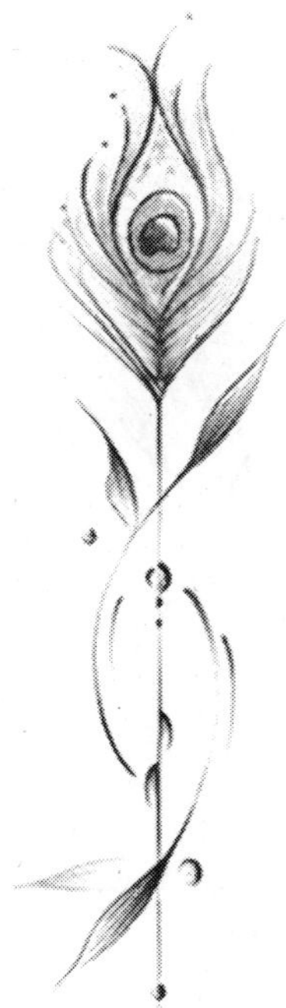

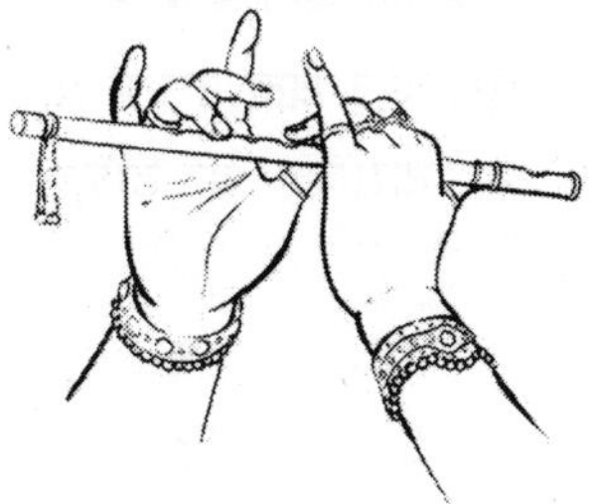

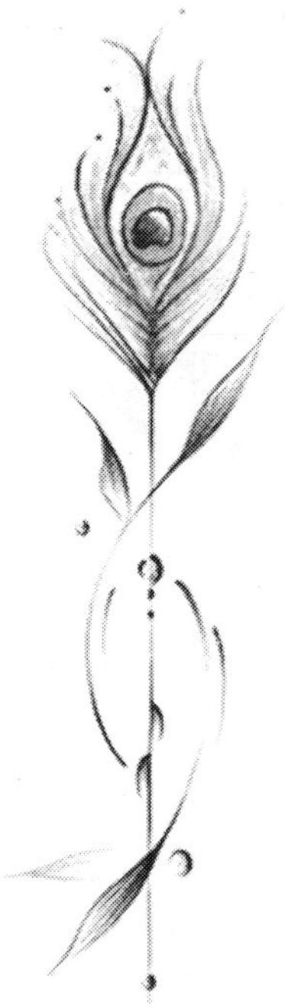

हरि नाम का प्याला

हरि नाम का प्याला,
और हरे कृष्ण की हाला।
ऐसी हाला पी-पी करके,
चला चले मतवाला।।

राधा जैसी बाला,
और वृन्दावन का ग्वाला।
ऐसा ग्वाला मुरली मनोहर,
जपो कृष्ण की माला।।

हरे कृष्ण का जप हो,
और हरे कृष्ण की माला।
द्विव्य ज्योति से हृदय शुद्ध हो,
निकले मन की ज्वाला।।

कृष्ण की धुन में तन हो,
और हरे कृष्ण में मन हो।
ऐसे तन-मन के मन्दिर में,
कृष्णा हाला डाला।।

हरे कृष्ण में बल है,
कृष्णा जल और थल है।
ऐसे जल-थल नभ में पी लो,
'नारायण' की हाला।।

हरि पार कर दो नाव को

हरि पार कर दो नाव को।
मझधार में है आ पड़ी,
पतवार आकर तुम बनो।
है आज संकट की घड़ी।।

प्रभु पार करना या न करना,
दोनों इच्छा आपकी।
मैं भक्त हूँ तुम नाथ हो,
प्रभु पूँजी मेरी पाप की।।
'नारायण' अभिशाप हर लो,
प्रीत, भक्त की है बड़ी।।

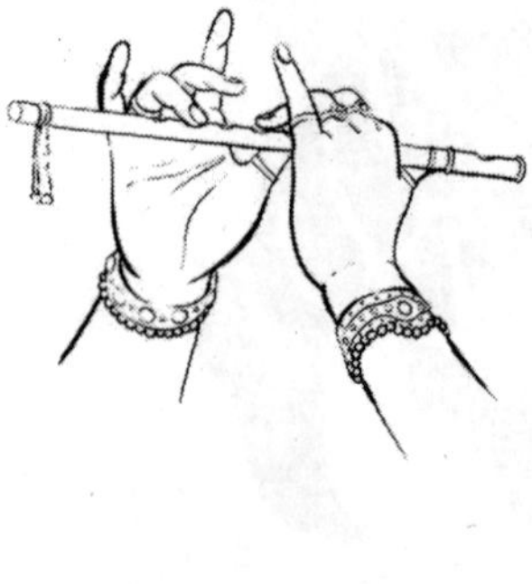

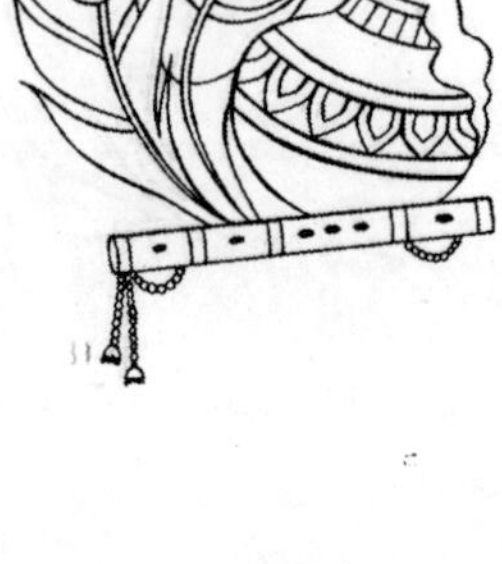

हरि की प्रीत जगी

हरि की प्रीत जगी,
सत की प्रीत सगी।
झूठे सारे रूप,
प्रेम की प्रीत सगी।।

भक्ति प्रेम आनन्द,
आली आज बँधी।
मैं तो जोगन बन,
रह गयी ठगी ठगी।।

माया जर बर गयी,
तन मन निकस भगी।
'नारायण' मन जाप,
भक्ति की बेल उगी।।

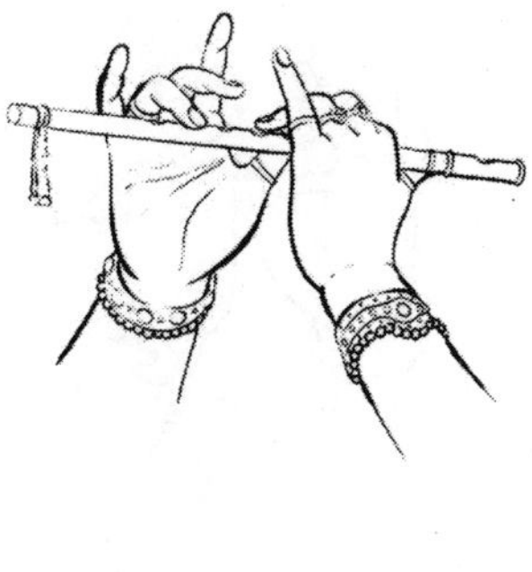

हाथों में हरि नाम की मेहंदी

हाथों में हरि नाम की मेहंदी,
माँग में भक्ति का सिन्दूर।
प्रियतम श्याम दूर न जाना,
कभी न करना मुझको दूर।।

हाथों में तेरे नाम का कंगना,
पायल रुन झुन श्याम कहे।
माथे पर मेरे श्याम की बिन्दी,
तन पर श्यामल वस्त्र रहे।
अधरों पर तेरे नाम की रट है,
चेहरे पर भक्ति का नूर।।

जितनी मुंदरी उँगली में हैं,
सब में श्यामल रत्न जड़े।
आभूषण तन पर जितने हैं,
कृष्णा आकृति सब में गढ़े।
'दास नारायण' श्याम भक्ति से,
नित शृंगार करें भरपूर।।

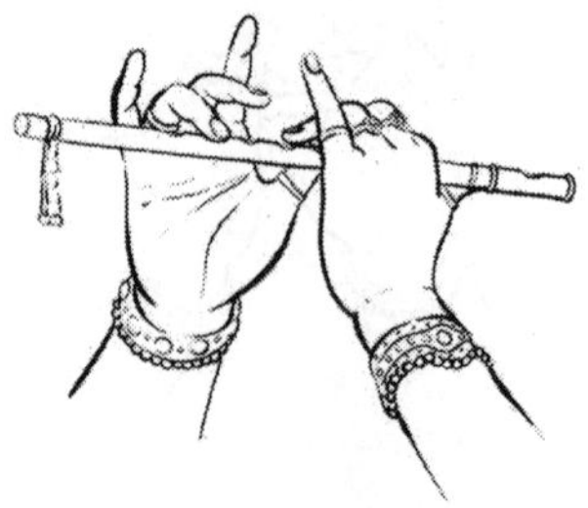

हुआ अँधेरा दीया जला ले

हुआ अँधेरा दीया जला ले श्याम की बाती शाम को।
इस प्रकाश में हम देखेंगे अपने प्रभु घनश्याम को।।

मन में गहरा अन्धकार हो दुख का बादल छाया हो,
आँख खुली हो दिशा नहीं हो मन तेरा घबराया हो।
मुरली मनोहर गोपाला कह जप ले राधेश्याम को।।

जब-जब भगत पे संकट आयो डोली उसकी नैया है,
यदुनन्दन ने पार किया मझधार में वही खिवैया है।
उस मारग पर चलकर प्राणी जाए कृष्णा धाम को।।

सागर में हो नाव तेरी जब आ जाए तूफान रे,
जीवन से जब चली जाय रे आन बान और शान रे।
गोवर्धन गिरि जिसने उठाया जप ले तू उस नाम को।।

राह में काँटे कंकड़ पथ हो मंजिल प्यारे दूर हो,
थका हृदय हो मन हो बोझिल तन भी चकनाचूर हो।
'दास नारायण' सुबह शाम तू जप ले राधे श्याम को।।

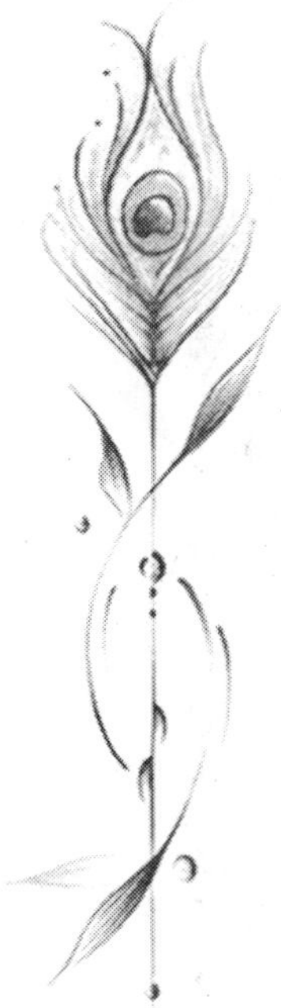

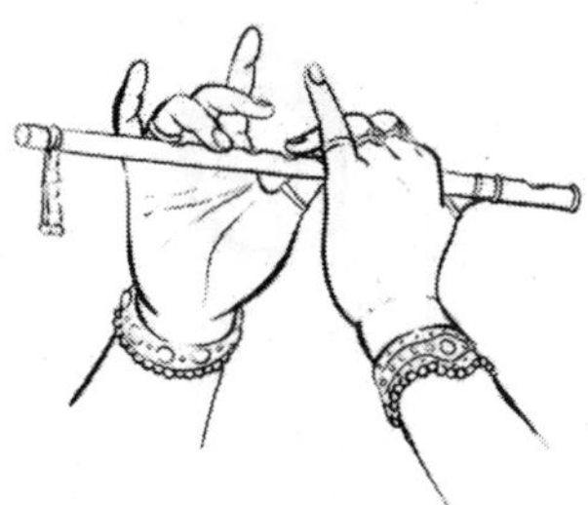

मइया मेरी गोपियन क्यूँ रिसिआईं

कन्हैया ने माखन चोरी के आरोप से अपने को बड़ी सुन्दरता से मुक्त किया और अब एक आरोप से किस चतु
अपने को मुक्त कर रहे हैं इस भजन में सुनिये। सं.

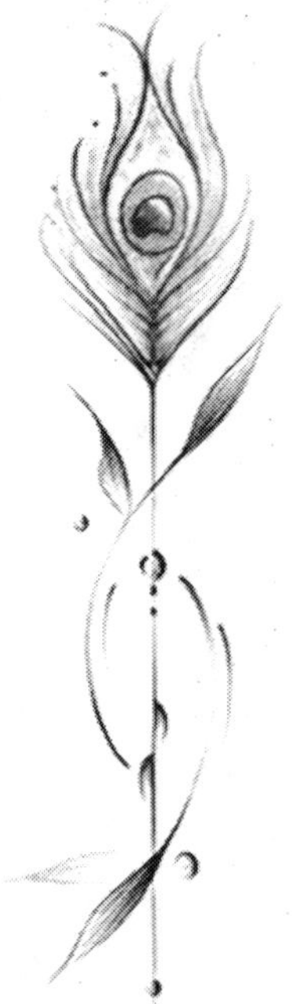

मइया मेरी गोपियन क्यूँ रिसिआईं।।

भोर होत घर आँगन आवे माखन मिश्री खावें,
करके बहाना जी भर देखें बिन देखें अकुलावें।
छेड़ छाड़ की करें शिकायत ख़ुद ही रोज़ बुलावें,
रस्ता रोक खड़ी हुई जावैं कबहु न वो सकुचाईं।।
मइया मोरी गोपियन क्यूँ रिसिआईं

भर भर मटकी दुखे कमरिया, लचक लचक दु:ख जावे,
देख देख के देखा, न जावे, देख तरस मोहे आवे।
मटकी फोड़ मैं बोझ हटायो, दोष समझ नहीं आवे,
झूठ मूठ के अँखियन आँसू, मोहन ने ढुलकाई।।
मइया मोरी गोपियन क्यूँ रिसिआईं।।

बहिंया पकड़ माँ अंग लगावे, माँ समझे चतुराई,
मोहन अपनी जीत समझ कै, मन सों करे ढिठाई।
मुख चूमे माँ मुँह न बोलीं, अँखियन से मुसकाईं,
'नारायण' रीझे लीला पर, माँ संग कृष्ण कन्हाई।।
मइया मोरी गोपियन क्यूँ रिसिआईं

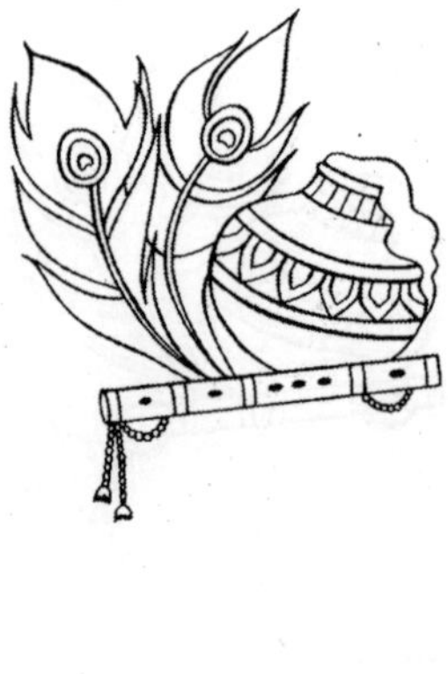

सुन्दर है रंग श्याम जगत में

सुन्दर है रंग श्याम जगत में, तन पिचकारी भर लो।
ख़ुद को रंगो श्याम रंग में, औरन को भी रंग लो।।

प्यारा है रंग श्याम जगत में, सदा सुहागिन होली,
प्रेम रंग में मीरा रंग गई, राधा वन वन डोली।
भक्ति का रंग चढ़ा के तन में, सब पीड़ा को हर लो।।
सुन्दर है रंग श्याम जगत में, तन पिचकारी भर लो

तन मन रीझे श्याम रंग में, प्रभु का दर्शन होवे,
लाल गुलाल अबीर उड़े जो, कृष्ण भक्ति में खोवे।
श्याम रंग में भीज भीज के, हरि को हिय में धर लो।।
सुन्दर है रंग श्याम जगत में, तन पिचकारी भर लो...

तन पिचकारी श्याम रंग में, जप तप ध्यान से रंगे,
ऐसी होली बड़ी निराली, पावन हर हर गंगे।
'दास नारायण' चार प्रहर अब, राधेश्याम सुमर लो।।
सुन्दर है रंग श्याम जगत में, तन पिचकारी भर लो

ऐसा लागा जिया

ऐसा लागा जिया, तड़पे मोरा हिया।
मैं तो दर्शन को, नित अकुलाती रही।।

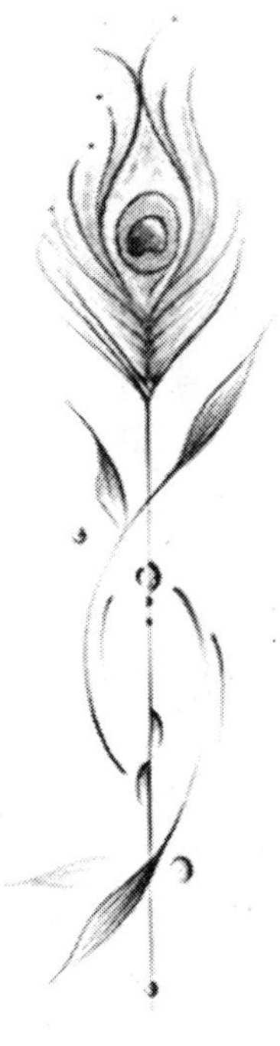

उनसे नेहा लगा, मन में लौ को जगा।
उनके दर्शन में, अँसुअन बहाती रही।।
ऐसा लागा जिया, तड़पे मोरा हिया

श्याम सूरत भली, वृन्दावन को चली।
मैं तो वंशी को अधरन लगाती रही।।
ऐसा लागा जिया, तड़पे मोरा हिया

काला मोहन जो है, ग्वाला सबका वो है।
मन में उसकी छवि तो, बसाती रही।।
ऐसा लागा जिया, तड़पे मोरा हिया

रस्ता एकै मिला, मेरा जीवन खिला।
श्याम चरणों में, तन मन बिछाती रही।।
ऐसा लागा जिया, तड़पे मोरा हिया

दर्शन कृष्ण का करूँ, चित्त में छवि को धरूँ।
'दास नारायण' संग लौ जलाती रही।।
ऐसा लागा जिया, तड़पे मोरा हिया

रहे समर्पण तुझमें कृष्ण

नहीं बुद्धि है नहीं ज्ञान है,
नहीं समझ है मुझ में।
एक भावना सदा रही है,
रहे समर्पण तुझमें कृष्ण।।

चातक जैसी आस लगी है,
सीपी जैसा जीवन।
बाग गुलाब बना दो हमको,
मोती जैसा ये मन।
सदा सदा तन मन नित भीगें,
भक्ति रस के रस में,
रहे समर्पण तुझमें कृष्ण।।

परमार्थ और दान भी संग हो,
मात-पिता की सेवा।
सर्वाकर्षण कृष्ण तुम्ही हो,
तुम देवों के देवा।
आँधी में तन मन ना टूटे,
मन चंचल हो वश में,
रहे समर्पण तुझमें कृष्ण।।

दूर दुर्गुणों को तुम कर दो,
चरित्र वृन्दावन हो।
'दास नारायण' कृष्ण हृदय में,
कृष्ण चरण में मन हो।
हम हैं तेरे अंश प्रभु जी,
हर पल रहूँ दरस में,
रहे समर्पण तुझमें कृष्ण।।

कान्हा मेरे संग तुम खेलो

कान्हा मेरे संग तुम खेलो।
इधर गेंद मैं फेंकूँ कान्हा उधर गेंद तुम ले लो।।

आँख मिचौली छुप्पा-छुप्पी कान्हा करे ढिठाई,
बीच-बीच में आँख खोल के, कान्हा करे हँसाई।
यहाँ छुपा है तेरा कान्हा, आओ मुझे टटोलो।।
कान्हा मेरे संग तुम खेलो

तीन लोक के स्वामी कान्हा, काँधे चढ़कर बोलें,
जिस कान्हा को जग पूजै है, खेल में इत उत डोलें।
'दास नारायण' बाल सखा संग छूकर, बोलें 'ये लो'।।
कान्हा मेरे संग तुम खेलो

तन मन कृष्ण चरण को पूजै

तन मन कृष्ण चरण को पूजै,
कृष्ण आराध्य हैं, कृष्ण देव हैं।
और देव न बूझै।।

हर दिन हर पल ध्यान चरण में,
कृष्ण-कृष्ण मुख बोले।
रहूँ समर्पित कृष्ण चरण में,
मन इत उत न डोले।
यह जीवन उन पर न्यौछावर,
श्याम नयन मन रीझै।।
तन मन कृष्ण चरण को पूजै

कृष्ण परम हैं परम धाम भी,
चरण मोक्ष और मुक्ति।
कृष्ण की भक्ति परम शक्ति है,
तीन लोक की भक्ति।
'दास नारायण दासी हेमा',
अभय चरण मन सूझै।।
तन मन कृष्ण चरण को पूजै

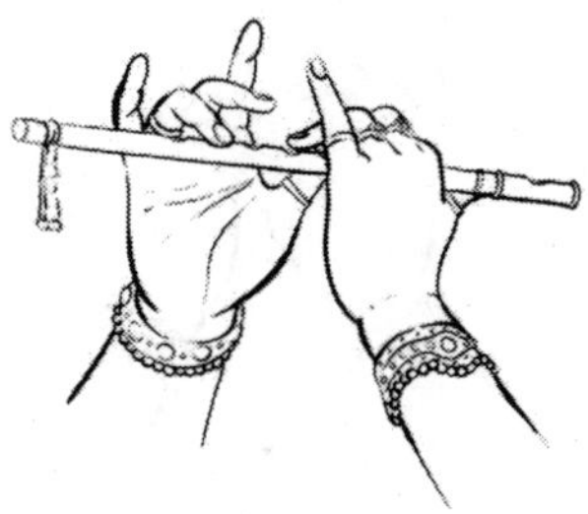

कृष्ण कृपा की वर्षा सब पर

कृष्ण कृपा की वर्षा सब पर,
यही प्रार्थना करता हूँ।
श्री धाम के श्री चरण में,
शीश सदा मैं धरता हूँ।।

राधा कृष्ण भगवान हमारे,
निस दिन पल-पल जपता हूँ।
दया धर्म के देव सदा से,
नाम कृष्ण नित चखता हूँ।
कृष्ण कृष्ण की माला जप के,
सदा सदा मैं हँसता हूँ।।

निर्भय होकर हर पल जीता,
शत्रु से रक्षा करते कृष्ण।
मेरी खाली झोली देखो,
सदा-सदा ही भरते कृष्ण।
'दास नारायण' अटल है श्रद्धा,
चरण मैं उनके पड़ता हूँ।।

गुइयाँ चलो श्याम संग खेलें

गुइयाँ चलो श्याम संग खेलें।
मधुवन की छैंया में सखि रे श्याम का दर्शन कर लें।।

आँख मिचौली छू छू छू कर,
जब भगवन छुप जावें।
आँखन पट्टी बाँध के सखि हम,
उनको छूकर आवें।।

ऋषि मुनि जप-तप यज्ञ करैं,
तो श्याम का दर्शन पावैं।
बिना यज्ञ बिन करै तपस्या,
श्यामजी हमें बुलावैं।
'दास नारायण' राधे राधे श्याम श्याम ही बोलें।।

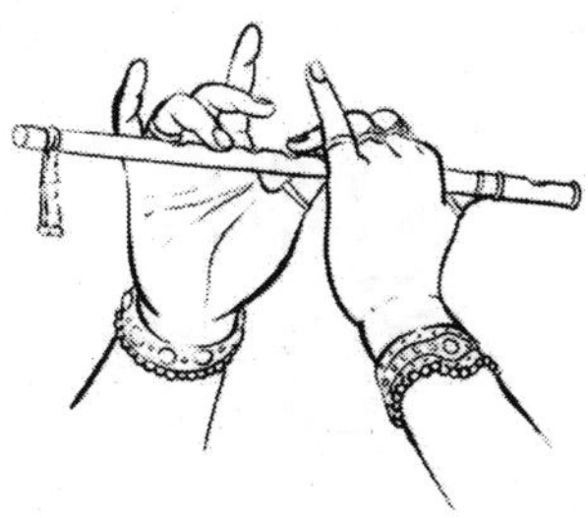

श्याम को पाया घनश्याम को पाया

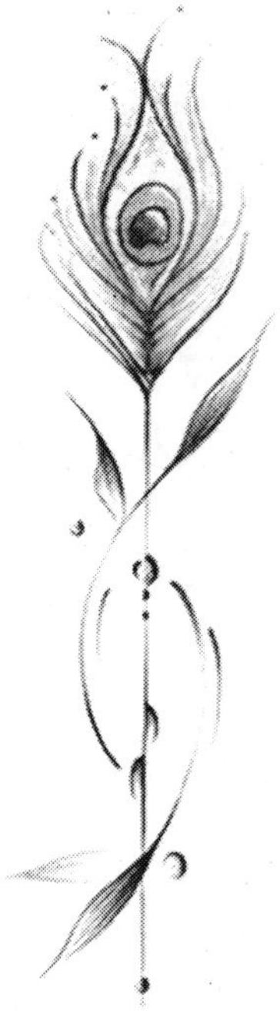

श्याम को पाया,
घनश्याम को पाया,
पाया मैंने कन्हाई।
तुमने जग में क्या-क्या पाया,
बोलो मेरे भाई।।

वृन्दावन के रज को पाया,
मथुरा जाके दर्शन।
कुंज-निकुंज में श्याम का दर्शन,
जमुना जल का अर्पण।
श्याम का दर्शन चौखट-चौखट,
मैंने मृदंग बजाई।।

साँझ सबेरे माला आरति,
राधे राधे बोलूँ।
श्याम का दर्शन साँझ सबेरे,
जब-जब आँखें खोलूँ।
'दास नारायण' श्याम चरण में,
हर पल करैं सेवकाई।।

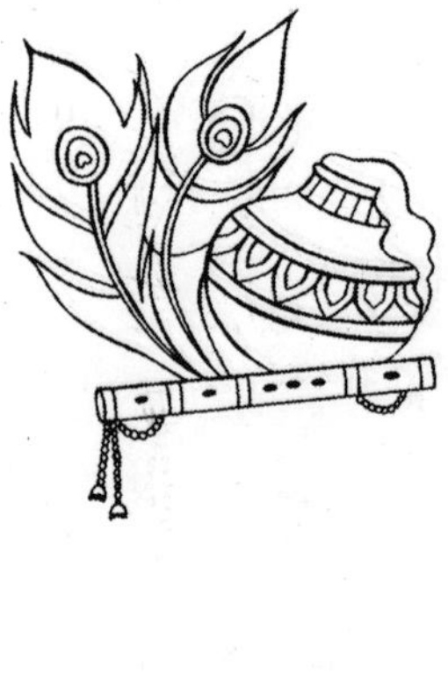

तेरे चरण में शीश हो मेरा

तेरे चरण में शीश हो मेरा,
मेरे शीश पर तेरा हाथ।
अब मैं आगे क्या माँगूँ प्रभु,
हे कृपालु तुम दीनानाथ।
श्रीकृष्ण कृष्ण जय कृष्ण कृष्ण।।

मेरे अधर पर तेरा नाम हो,
तेरे नाम में जीवन रसना।
अब मैं आगे क्या चाहूँ प्रभु,
दीन बन्धु तुम ही कहना।।

मेरे हृदय में बस जाओ प्रभु,
मेरा हृदय तेरा स्थान।
'दास नारायण' माँगे भिक्षा,
ऐसा मुझको दे दो दान।।

बालक कान्हा गैया चूमे

बालक कान्हा गैया चूमे,
गैया चूमे गाल।
देख-देख कर ग्वाल बाल संग,
मैया हुई निहाल।
बोलो–राधे राधे बोलो राधे राधे

माँ की चोटी समझ पूँछ को,
मुख में कान्हा आटैं।
गैया-मैया घूम घूम के,
कान्हा का मुख चाटैं।
नभ से पुष्प की वर्षा होवे,
ग्वाल बजावैं थाल।।

उचक के कान्हा गैया माँ की,
पीठ चढ़ें फिर लुढ़कें।
बार-बार चढ़ फिसल ही जावें,
आँख में आँसू ढुलकें।
दौड़ के मैया पीठ चढ़ावें,
'नारायण' संग ग्वाल।।

राधे तुम बिन जिऊँगा कैसे

राधे तुम बिन जिऊँगा कैसे,
बिन जल मछरी कहाँ रही है।
जिऊँगा मैं क्या वैसे।।

सोच-सोच के कम्पित तन मन,
आँखों में जल आवे।
भूख लगे न निद्रा आवे,
मन ही मन को खावे।
पतझड़ पात गिरे धरती पर,
सूखी डाल हो जैसे।।
राधे तुम बिन जिऊँगा कैसे

विदा करो राधे तुम मुझको,
कर्तव्य बोध है मेरा।
विदा भी तुमसे कैसे माँगूँ,
साहस नहीं बटोरा।
'दास नारायण' माँगे आज्ञा,
पीर धीर विनय से।।
राधे तुम बिन जिऊँगा कैसे

धरती को वैकुण्ठ बना दो

अपनी लीला के संग कृष्ण,
वृन्दावन में फिर आओ।
धरती को वैकुण्ठ बना दो,
हम सबके संग बस जाओ।

राधा रानी के संग कृष्ण,
रास रचाने आ जाना।
मुरली की धुन ताल मृदंग संग,
मधुर सुनाने आ जाना।
माखन चोरी के प्रसंग को,
सूरदास से सुनवाओ।।

उद्धव का जो ज्ञान तत्त्व है,
कैसे गोपी उसे माने।
कौन किसे समझाने आया,
ये तो बस उद्धव जाने।
सखा सुदामा के पग प्रभु जी,
अँसुवन से फिर धो जाओ।।

मटकी फोड़न की लीला भी,
आँखों में है बसी-बसी।
माँ को जो मुख खोल दिखाया,
तीनों लोक में हँसी-हँसी।
'दास नारायण' करें प्रार्थना,
सारी लीला दर्शाओ।।

मार्ग का दीपक हमें बना दो

मार्ग का दीपक हमें बना दो,
हम प्रकाश बन जायें।
निज मन को उज्ज्वल करके
हर मन में जोत जलायें।।

तेरे प्रेम का प्याला पीकर,
मतवाले हो जायें।
प्रेम ही अन्दर प्रेम ही बाहर,
ग्वाला हम कहलायें।
विनय हमारी सुन लो कृष्ण,
मन की तुम्हें सुनायें।।

हमको मोर बना दो कृष्ण,
वन में नाचें हम 'सब'।
गीता का मर्मज्ञ बना दो,
कथा को बाँचें हम 'सब'।
बृज की माटी हमें बना दो,
माथ तिलक सज जायें।।

हृदय के झूले में तुम झूलो,
सिंहासन है ये मन।
तन में तुम बस जाओ कृष्ण,
ये तन है वृन्दावन।
'दास नारायण' प्रति दिन प्रति पल,
मंगल भजन को गायें।।

ओ कृष्ण हम सबके मन में

ओ कृष्ण हम सब के मन में,
प्रेम की ज्योति जलाओ।
अन्धकार जो मन में बसा है,
उसको दूर हटाओ।।

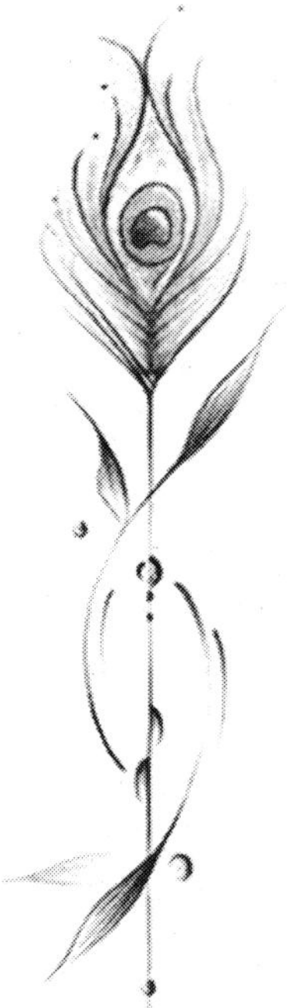

मन में माया बसी हुई है,
लालच उससे आता।
इस माया मोह के फेरे में,
भला नहीं सुझाता।
ज्ञान शक्ति को हृदय में भर,
अज्ञान को आज मिटाओ।।

ऐसी ज्योति जले धरती पर,
छल बल तृष्णा भागे।
सभी हृदय में धरम करम का,
नया सन्देशा जागे।
वही सुदर्शन इस धरती पर,
फिर से आज चलाओ।।

धरम से कुछ भी नहीं मिलेगा,
करम बुरा जो होये।
पाप के द्वारे कोई न जाये,
कोई न आँख भिगोये।
'दास नारायण' ममता जागे,
ऐसा प्यार जगाओ।।

नेक आचरण शुभ विचार

नेक आचरण शुभ विचार हो,
परमार्थ की लौ जले।
कृष्ण दया में कृष्ण कृपा में,
हम सब प्राणी सदा पलें।।

ऐसी कृपा तुम्हारी होवे,
चित्त में आनन्द बना रहे।
परम पिता परमेश्वर तुम हो,
सुख की सरिता सदा बहे।
भेद-भाव को कभी न जाने,
हर प्राणी से लगें गले।।

शुभ कर्मों में लगे रहें हम,
क्षमा भाव की क्षमता हो।
हर प्राणी से प्रेम करें,
माँ की जैसी ममता हो।
हर घर में दिवाली होवे,
उजियारा हर दीप तले।।

जीवन चन्दन का उपवन हो,
मन सुगन्ध से भरा रहे।
'दास नारायण' करे प्रार्थना,
जीवन सबका हरा रहे।
ऐसा सम्बल दे दो कृष्णा,
बिना रुके हम सदा चलें।।

चातक जैसी आस रही है

चातक जैसी आस रही है,
सीपी जैसा जीवन।
बाग गुलाब बना दो हमको,
मोती जैसा ये मन।
सदा-सदा तन-मन नित भीगे,
भक्ति रस के रस में।।

परमार्थ और दान भी संग हो,
माता-पिता की सेवा।
सर्वाकर्षण कृष्ण तुम्ही हो,
तुम देवो के देवा।
आँधी में तन ये न टूटे,
मन चंचल हो बस में।।

दूर दुर्गणों को तुम कर दो,
चरित्र वृन्दावन हो।
'दास नारायण' कृष्ण हृदय में,
कृष्ण चरण में मन हो।
हम हैं तेरे अंश प्रभु जी,
दर्शन होवें सब में।।

सत के पथ से मन न भटके

सत के पथ से मन न भटके,
मिथ्या का तूफान थमे।
दु:ख पी ले सुख सबको दें,
ऐसा बल प्रभु मिले हमें।।

अपने अन्तर को हम देखें,
निन्दा से प्रभु रखना दूर।
गलती से निन्दा कर दूँ तो,
दण्ड मिले फिर हमें ज़रूर।
छल बल कपट न पनपे मन में,
और न मन में मैल जमे।।

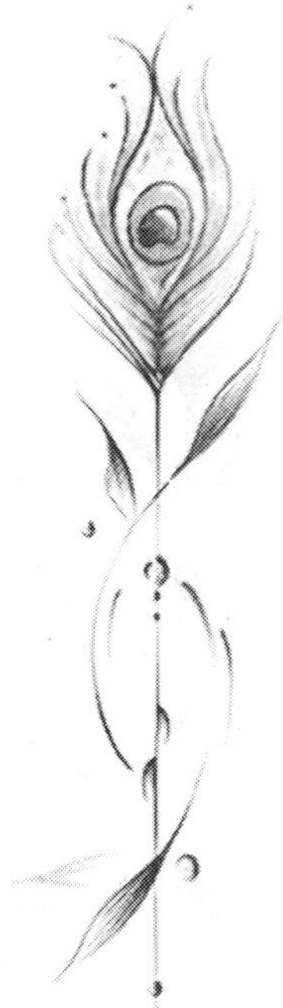

तन-मन राखो तुम आनन्द में,
यही प्रार्थना है तुम से।
सदा-सदा तुम पास ही रहना,
कोई दोष न हो हम में।
'दास नारायण' प्रभु वन्दन में,
मन मेरा अब सदा रमे।।

क्षमा की शक्ति हमको देना,
कोई अपराध नहीं होवे।
शीतलता की छाँव मिले हमें,
ऐसे तरुवर को बोवें।
सन्तुष्टि का भाव हो मन में,
जीवन यापन हो कम में।।

हृदय के आँगन में अँधियारा

हृदय के आँगन में अँधियारा,
दीप जला दो कृष्णा।
मन में भक्ति ज्योति जले,
और मिट जाये सब तृष्णा।।

पाप-ताप से हमें उबारो,
शीतल मन को कर दो।
प्रेम भक्ति की गंग बहा दो,
तन में शक्ति भर दो।
रोष-दोष को हम सब छोड़ें,
मोह को अब है तजना।।

कर्म धर्म कभी न छोड़े,
जितनी विपदा आये।
कोई हम से कटु बोले,
तो मृदुल वचन ही भाये।
हृदय हमारा ऐसा बना दो,
जैसे गंगा जमुना।।

ध्यान में तुमको हर पल रख कर,
कदम-कदम हम जायें।
मन में सन्तोष सदा और,
मन को धैर्य बँधायें।
'दास नारायण' सदा-सदा,
प्रभु तुम में चाहें रमना।।

मन की शक्ति

मन की शक्ति कभी न कम हो,
ऐसा दो वरदान।
हम से कोई भूल न होवे,
प्रभु जी दे दो ज्ञान।।

माखन मिश्री जैसी बोली,
वाणी में रस भरना।
पवित्र चेतना की हलचल हो,
सत्य शब्द का झरना।
ऐसी विद्या हमें दो कृष्णा,
बाँटें विद्या दान।।

कटुता का विनाश सदा हो,
छल-बल कपट न पनपे।
कभी गर्व न होवे हमको,
नज़र न हो पर धन पे।
जीवन को क्षण भंगुर समझें,
कभी न हो अभिमान।।

भेदभाव की भाषा भूलें,
मन को साफ़ करें हम।
भूल किसी से हो जावे तो,
उसको माफ़ करें हम।
'दास नारायण' कृष्ण तुम्हारा,
कभी न छूटे ध्यान।।

मुख प्रसन्न चेतना प्रसन्न

एक शब्द मन छेद दे एक शब्द मन लोह,
एक शब्द मन जोड़ दे एक शब्द मन मोह।

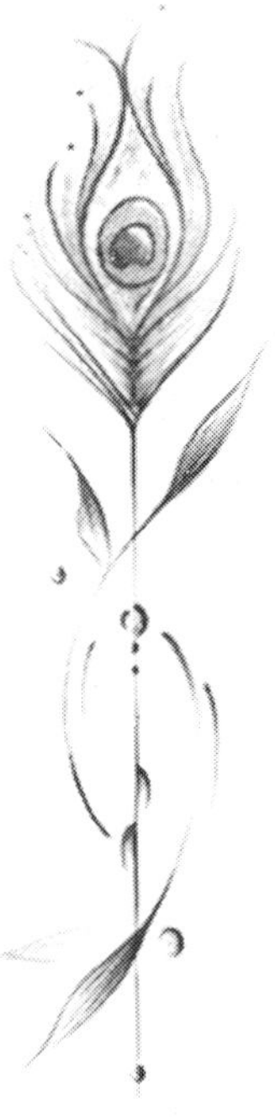

मुख प्रसन्न चेतना प्रसन्न,
हृदय प्रसन्न है कृष्ण कृष्ण।

कृष्ण को जिसने हृदय बसाया,
वो सम्पन्न है कृष्ण कृष्ण।
दु:ख हरणम् पाप हरणम्,
चित्त बसे हैं कृष्ण कृष्ण।।

जिह्वा अधर कृष्ण बसे हैं,
मुख हँसे हैं कृष्ण कृष्ण।
मुख प्रसन्न चेतना प्रसन्न,
हृदय प्रसन्न है कृष्ण कृष्ण।।

कृष्ण की महिमा अति विराट है,
जैसे अनन्त है कृष्ण कृष्ण।
'दास नारायण' धरती अम्बर,
जल अन्न हैं कृष्ण कृष्ण।।
हरे कृष्ण हरे कृष्ण कृष्ण कृष्ण हरे हरे
हरे राम हरे राम राम राम हरे हरे

तन मन आत्मा पवित्र होएगा

तन मन आत्मा पवित्र होएगा,
कृष्ण नाम को जप लें।
कृष्ण नाम की वर्षा होगी,
कृष्ण नाम में तप लें।।

भगवत् गीता नित्य पाठ कर,
जीवन का आधार है जो।
सभी समाहित है गीता में,
पूर्ण पूर्ण संसार है जो।
सोलह माला नित नित जप कर,
महामन्त्र जप जप लें।।

कृष्ण का पथ सुबोध सरस है,
इसमें देखो ढल कर।
पुष्प बिछे हैं इसी मार्ग पर,
इसमें देखो चलकर।
मन भाये तो अपना लेना,
कृष्ण नाम की शपथ लें।।

बड़े दयालु कृष्ण हमारे,
चौंसठ कला के स्वामी।
'दास नारायण' कृष्ण का सुमिरन,
ओढ़े हैं राम नामी।
कृष्ण सरोवर कुसुम जो कोमल,
सभी कुसुम पनप लें।।

पवित्र पावन कृष्ण नाम है

पवित्र पावन कृष्ण नाम है,
कृष्ण नाम उद्धार करे।
श्रीकृष्ण के चरण रहे जो,
कृष्ण ही बेड़ा पार करे।।

कृष्ण की माला कृष्ण तिलक है,
कृष्ण कृष्ण ही कहना है।
श्रीकृष्ण ही कृपासिन्धु हैं,
कृष्ण वेश में रहना है।
तरुवर की छाया कृष्णा,
आकाश से शीतल जल जो भरे।।
पवित्र पावन कृष्ण नाम है,
कृष्ण नाम उद्धार करे।।

रजनी गन्धा चन्दन महके,
सूरज की जो धूप खिले।
पक्षी का कलरव स्पन्दन,
गंगा जमुना जैसे मिले।
पुष्प सुगन्धित भँवरे गुन गुन,
हिरन चौकड़ी वन में भरे।।
पवित्र पावन कृष्ण नाम है,
कृष्ण नाम उद्धार करे।।

नभ में बादल गर्जन तर्जन,
कृष्ण कृष्ण ही सदा कहें।
मन्द मन्द शीतल बयार है,
कल कल जल की धार बहे।
'दास नारायण' सदा सदा ही,
कृष्ण चरण में शीश धरें।।
पवित्र पावन कृष्ण नाम है,
कृष्ण नाम उद्धार करे।।

गंगा की धारा कृष्ण है

गंगा की धारा कृष्ण है।
प्रयाग राज की त्रिवेणी,
कृष्ण नाम की डुबकी लगा ले।
टूटे पाप की बेड़ी।।

हर हर गंगे कृष्ण कृष्ण कह,
तीन बार डुबकी लेना।
दूध पुष्प से कृष्ण कृष्ण कह,
तीन बार तुम अंजलि देना।
प्रयागराज तो एक बार है,
मुक्ति मोक्ष की है ये घड़ी।।

कर्म की डुबकी धर्म की डुबकी,
गंगा की डुबकी को जानो।
कृष्ण नाम को जप जप कर,
सत्य धर्म को तुम मानो।
जीवन की ये डगर है प्यारे,
सदा रही टेढ़ी मेढ़ी।।

शिविर शिविर सत्संग भजन में,
हृदय लगा कर तुम डूबो।
कर्म वचन सत्य वाणी से,
सब प्राणी का मन छू लो।
'दास नारायण' कृष्ण शरण में,
सदा रहें मन्दिर ड्योढ़ी।।

साबुन से कपड़ा घिसा, कपड़ा धुल धुल जाय।
सत्संग से मन को घिसो, जनमा सफल बनाय।।

कृष्ण कृष्ण कृष्ण कृष्ण कृष्ण मुक्ति दायकम्

क्यूँ धरा किसका धरा,
जो धरा नहीं काम का।
सब कुछ रह जायेगा,
ह्दय भरा नहीं श्याम का।।

कृष्ण कृष्ण कृष्ण कृष्ण कृष्ण मुक्ति दायकम्।
कृष्ण गोपी वल्लभम् सर्व लोक नायकम्।।

प्रात: संध्या रात्रि संग, कीर्तनम् कीर्तनम्।
जप तप ताप हरण, मोक्ष मार्ग सार्थकम्।।
कृष्ण कृष्ण कृष्ण कृष्ण कृष्ण मुक्ति दायकम्

बृजहरि नन्दनम्, बृजपाल तारकम्।
पाप पुंज दानव दुष्ट, नित नित विनाशकम्।।
कृष्ण कृष्ण कृष्ण कृष्ण कृष्ण मुक्ति दायकम्

जगत गुरु पूजतम्, सर्वाकर्षण दर्शनम्।
जगत पुष्प नायकम्, पूजनम् पूजनम्।।
कृष्ण कृष्ण कृष्ण कृष्ण कृष्ण मुक्ति दायकम्

सर्व सिद्धि धारकम्, तीन लोक पालकम्।
'दास नारायण' कृपा हेतु, नित नित शरणम्।।
कृष्ण कृष्ण कृष्ण कृष्ण कृष्ण मुक्ति दायकम्

राधा कृष्ण राधा कृष्ण राधा कृष्ण कहो

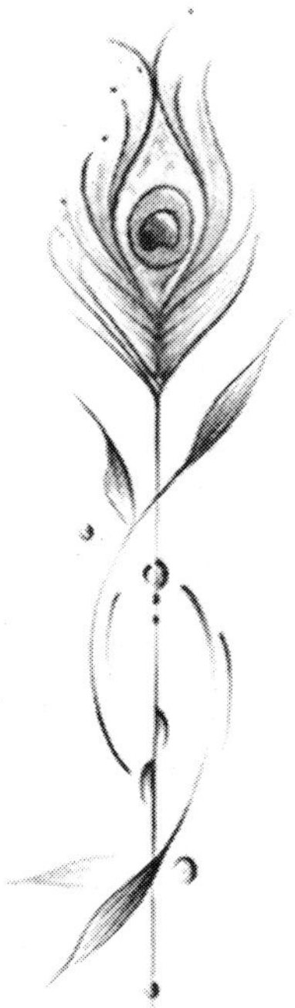

राधा कृष्ण राधा कृष्ण राधा कृष्ण कहो।
प्रभु भक्ति में आसक्ति में या विभक्ति में रहो,
राधा कृष्ण राधा कृष्ण राधा कृष्ण कहो।।

किसी देव में बलदेव में तीन देव में रहो।
राधा कृष्ण राधा कृष्ण राधा कृष्ण कहो।।

निज धाम में निज काम में या आराम में रहो।
राधा कृष्ण राधा कृष्ण राधा कृष्ण कहो।।

कुल त्याग में अनुराग में या राग में रहो।
राधा कृष्ण राधा कृष्ण राधा कृष्ण कहो।।

किसी बात में किसी जात में या साथ में रहो।
राधा कृष्ण राधा कृष्ण राधा कृष्ण कहो।।

हो विदेश में या देश के परिवेश में रहो।
राधा कृष्ण राधा कृष्ण राधा कृष्ण कहो।।

किसी द्वन्द्व में या छन्द में मकरन्द में रहो।
राधा कृष्ण राधा कृष्ण राधा कृष्ण कहो।।

'दास नारायण' प्रेम से राधा कृष्ण कहो।
राधा कृष्ण राधा कृष्ण राधा कृष्ण कहो।।

मन अधीर तुमरा हुआ

मन अधीर तुम्हरा हुआ,
गया न मन का ताप।
मन का नित नित होयेगा,
प्रभु सुमिरन नित जाप।।

तपी दुपहरी कृष्ण नाम से,
छाया में विश्राम मिले।
हृदय जलाशय में प्राणी रे,
कृष्ण नाम का कमल खिले।।

चैत्र वैशाख जेष्ठ मास और,
शिशिर बसन्त सा ऋतु दिया।
सावन भादों कृष्ण नाम से,
सबका जीवन हरा किया।
श्रीकृष्ण का दीप है घर घर,
कृष्ण नाम की ज्योति जले।।

जाति पाँति का भेद नहीं है,
सभी धर्म है हरि अँगना।
वैष्णव कुल ऐसा है जिसमें,
आनन्द भक्ति का है झरना।
कृष्ण नाम की जै जै करके,
कृष्ण रूप में सभी ढलें।।

सुख शान्ति आनन्द का सागर,
कृष्ण रंग में है रँगना।
सद्‌गति मोक्ष का मार्ग यही है,
इसी राह पर है चलना।
'दास नारायण' कृष्ण शरण में,
कृष्ण मार्ग में सदा चलें।।

चलो मन कृष्ण नाम के द्वार

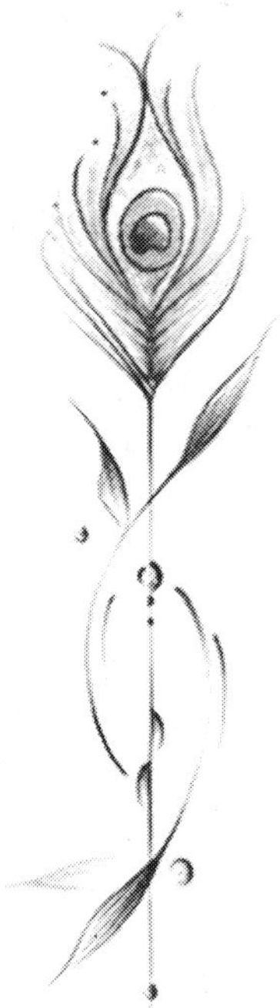

चलो मन कृष्ण नाम के द्वार।
श्रीकृष्ण के पवित्र धाम पर जीवों का उद्धार।।

श्रीकृष्ण का दर्शन होवे,
चरणामृत तन मन को धोवे।
दर्शन बारम्बार।।
चलो मन कृष्ण नाम के द्वार।

श्रीकृष्ण का होवे अर्चन,
कृष्ण बसे हैं देखो कण कण।
सबका बेड़ा पार।।
चलो मन कृष्ण नाम के द्वार।

श्रीकृष्ण हैं आराध्य हमारे,
'दास नारायण' के दुःख टारें।
कृष्ण ही संसार।।
चलो मन कृष्ण नाम के द्वार।

मुक्ति मिले कृष्ण चरण में

जाना है भाई जाना है,
मुक्ति मिले कृष्ण चरण में।
जग में फिर नहीं आना है।।

बाल अवस्था, यौवन देखा पौढ़ अवस्था आयी,
दिन ना कटे और रात कटे ना जीवन हुआ खटाई।
मुक्ति मिलेगी कृष्ण सुमिरन से सबको यही बताना है।।

खूब खेला बचपन में अब यौवन रेला मेला,
आज बुढ़ापा भर-भर रोये समझ गया सब खेला।
खेला न प्रभु के आँगन में अब क्यूँ कर पछताना है।।

जितना शेष समय है बाकी कर ले सुमिरन मन से,
मोक्ष मिले बस कृष्ण नाम से कभी मिला न धन से।
'दास नारायण' कृष्ण का सुमिरन समय नहीं गँवाना है।।

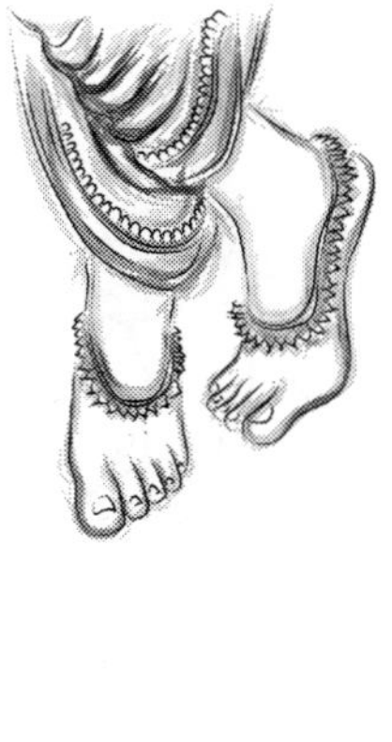

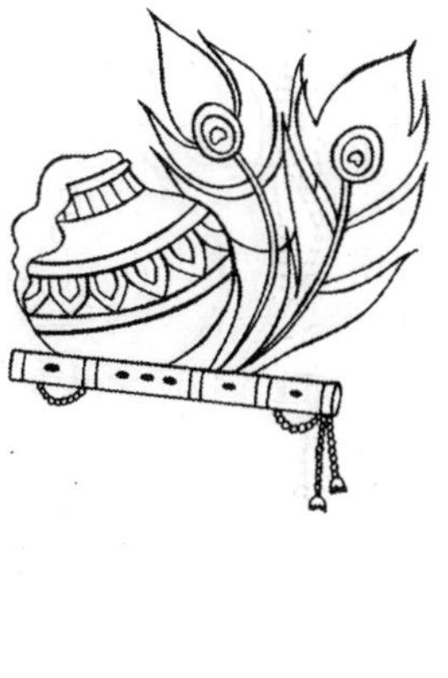

प्रेम हमारो मन में जागे

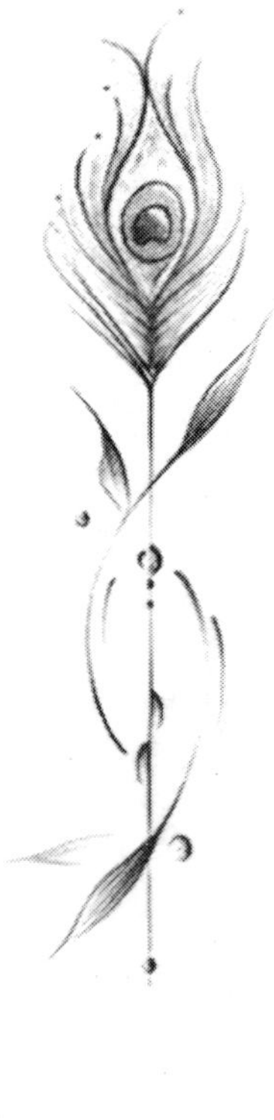

ऐसा मंतर मारो प्रभुजी तुमसे लगी लगन।
प्रेम हमारो मन में जागे मन हो जाये मगन।।

ये काया मैं नश्वर जानूँ हाड़ मांस गल जाये,
फिर भी मोह न छूटे प्रभु जी चिन्ता मन को खाये।
प्रेम में तोरे सब कुछ छोड़ूँ ऐसी लगे अगन।।
प्रेम हमारो मन में जागे मन हो जाये मगन

माया हमसे लिपटी ऐसी हमको बहुत सताती,
अन्त समय में दुनियादारी कबहुँ काम न आती।
रिश्ते नाते को मैं छोड़ूँ जीवन हो अर्पण।।
प्रेम हमारो मन में जागे मन हो जाये मगन

गयी श्वाँस सब बाहर करते लकड़ी पर रख देते,
धू-धू करके चिता जलावें अपने भाई बेटे।
भोग विलास क्षणिक मैं जानूँ असली सुख है तेरा,
तुम्हरा गुण मैं प्रतिपल गाऊँ मन में करो बसेरा।
'नारायण' चरणों में राखो कोई करो यतन।।
ऐसा मंतर मारो प्रभुजी तुमसे लगी लगन।।

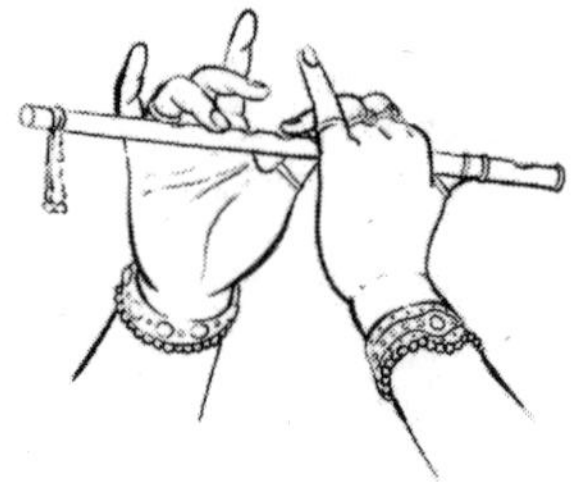

क्षमा करो तुम मेरे प्रभु जी

क्षमा करो तुम मेरे प्रभु जी,
अब तक के सारे अपराध।
धो डालो तन की चादर को,
लगे हैं उसमें जो भी दाग।
राधे श्याम राधे श्याम राधे श्याम राधे श्याम।।

तुम तो प्रभु जी मान सरोवर,
अमृत जल से भरे हुए।
पारस तुम हो इक लोहा मैं,
कंचन होवे जो भी छुए।
तज के जग की सारी माया,
तुम से कर लूँ मैं अनुराग।।

काम क्रोध में फँसा रहा मन,
सच्ची डगर नहीं जानी।
लोभ मोह मद में रहकर प्रभु,
कर डाली मन मानी।
मन मानी ने दिशा गलत ले,
पहुँचा दिया जहाँ है आग।।

इस सुन्दर तन की रचना कर,
तुमने जो उपकार किया।
हमने इस सुन्दर तन पर प्रभु,
अपराधों का भार दिया।
'नारायण' अब शरण तुम्हारे,
तुमसे प्रीत होय निज राग।।

नीकौ लागे श्याम मुरलिया

नीकौ लागे श्याम मुरलिया।।

कदम्ब तले पुनि यमुना तीरे,
सुध बुध खोये सुने गुजरिया।

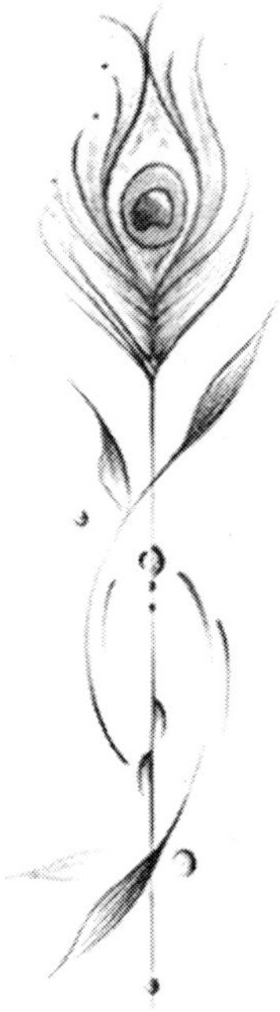

स से शाश्वत श्याम की धारा मेरे हृदय में बहती,
र से रेवती बने कन्हाई मुरली धुन ये कहती।
ग से गंगा जल जैसा है कृष्ण कृपा की वर्षा,
म से मधुवन जैसा जीवन प्राणी का मन हर्षा।
प से पतित पावन श्याम जी चरण मैं उनके पूजूँ,
ध से धन्य हुआ ये जीवन हृदय में उनको खोजूँ।
नि से नित नित आरति वन्दन चरणामृत का पान,
स से सदा रहे प्रभु मेरे इसका हो गया ज्ञान।।
नीकौ लागे श्याम मुरलिया।।
'दास नारायण' प्रेम भक्ति संग,
श्याम नाम की ओढ़े चदरिया।।

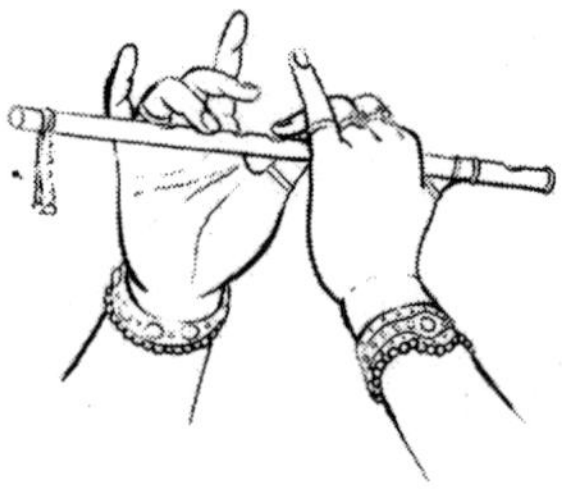

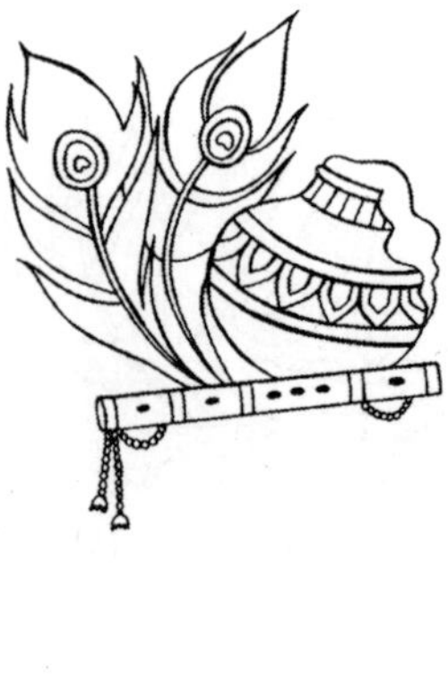

राधा रमण राधा रमण राधा रमण कहो

जिस कर्म में जिस धर्म में जिस मर्म में रहो,
राधा रमण राधा रमण राधा रमण कहो।।

जिस भक्ति में जिस शक्ति में अनुरक्ति में रहो,
राधा रमण राधा रमण राधा रमण कहो।।

जिस ध्यान में जिस ग्यान में सामान्य में रहो,
राधा रमण राधा रमण राधा रमण कहो।।

जिस छन्द में जिस वृन्द में जिस द्वन्द्व में रहो,
राधा रमण राधा रमण राधा रमण कहो।।

जिस भाव में जिस छाँव में जिस गाँव में रहो,
राधा रमण राधा रमण राधा रमण कहो।।

जिस साज में जिस काज में जिस राज्य में रहो,
राधा रमण राधा रमण राधा रमण कहो।।

जिस जाति में जिस पाँति में जिस ख्याति में रहो,
राधा रमण राधा रमण राधा रमण कहो।।

जिस आस में जिस प्यास में जिस न्यास में रहो,
राधा रमण राधा रमण राधा रमण कहो।।

जिस मोद में विनोद में या प्रमोद में रहो,
'दास नारायण' प्रेम से राधा रमण कहो।।

बिना तुम्हारे दर्शन के प्रभु

बिना तुम्हारे दर्शन के प्रभु,
ये जीवन है आज अधूरा।
मिले तुम्हारी चरण धूलि प्रभु,
तो जीवन का धर्म हो पूरा।।

ये जन्म तो ऐसे बीता,
जैसे चातक बिन बादल हो।
अँखियाँ सदा रहीं प्रभु ऐसे,
जैसे सूनी बिन काजल हो।
भक्ति बिना है जीवन ऐसे,
बिना तार के जस तम्बूरा।।

दर्शन करने को अँखियाँ हैं,
बिन दर्शन के अँखियाँ कैसी।
हरि के द्वार नहीं ले जाये,
तो फिर अपनी सखियाँ कैसी।
'नारायण' को दर्शन दे दे,
नाचे मन का सदा मयूरा।।

स्वर्ग नर्क है इस धरती पर

स्वर्ग नर्क है इस धरती पर नहीं गगन के देखो पार।
अच्छा कर्म तो सुख देवे हैं बुरा कर्म है दुःख का सार।।

जो दुःख पाता प्रभु से कहता क्यों प्रभु तुम दुःख देते हो,
हमने किया नहीं कुछ ऐसा फिर क्यों नहीं सुख देते हो।
याद नहीं है उस प्राणी को जन्म जन्म के पाप का भार।।

एक फकीर जो नंगा सोये तन ढकने को नहीं वसन,
दुःख सहके मन निर्मल होगा कर ले कर ले पीर सहन।
दण्ड भोग के पाप कटेगा कारागार बना संसार।।

सुख दुःख दोनों एक समाना दोनों प्रभु का है वरदान,
अन्धकार तो दिन भी संग में यही प्रभु का परिचय ज्ञान।
प्रभु का सुमरन 'नारायण' कर दुःख का जो करता संहार।।

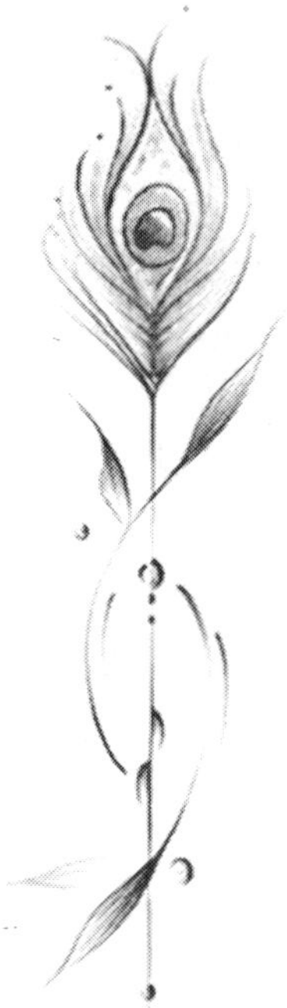

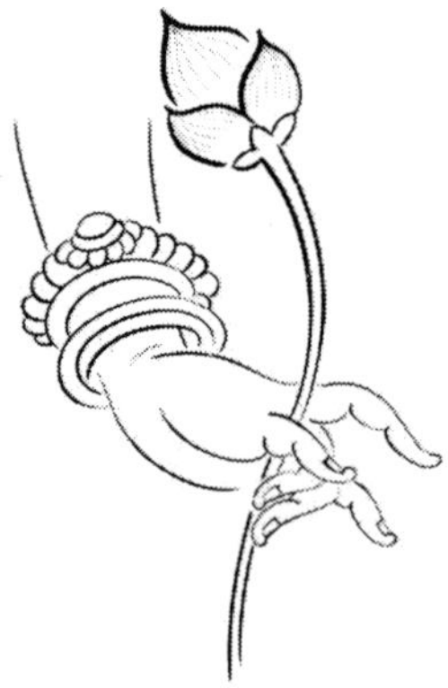

जीवन में श्याम चाहिए

जीवन में श्याम चाहिए,
मन में घनश्याम चाहिए।
बस प्रभु का धाम चाहिए।।
हरि-हरि बोलो हरि बोलो
हरि-हरि बोलो हरि बोलो

भक्ति निष्काम चाहिए,
मन को आराम चाहिए।
तन को विराम चाहिए।।
हरि-हरि बोलो हरि बोलो
हरि-हरि बोलो हरि बोलो

मन में वियोग हो तो,
बिगड़ा संजोग हो तो।
टूटा कोई योग हो तो।।
हरि-हरि बोलो हरि बोलो
हरि-हरि बोलो हरि बोलो

भाव अनमोल हो तो,
भक्ति के बोल हों तो।
सन्मुख 'नारायण' हों तो।।
हरि-हरि बोलो हरि बोलो
हरि-हरि बोलो हरि बोलो

सबकी पीर को हरने वाले

सबकी पीर को हरने वाले,
बृज नन्दन नन्दलाला।
तुम ना सुनो तो कौन सुनेगा,
हे मेरे गोपाला।।

गोवर्धन गिरधारी तुम हो,
तुम हो मदन मुरारी।
कुँवर कन्हैया यशोमति नन्दन,
तुमको राधा प्यारी।
तेरा गुण मैं हर पल गाऊँ,
बृजबाला जगपाला।।

नटवर दीन दयाल तुम्हीं हो,
कृष्ण तुम्हें सब कहते।
हर पल आँखों में तुम रहते,
हिय में तुम हो बसते।
'दास नारायण' सबसे सुन्दर,
मेरा बाँसुरी वाला।।

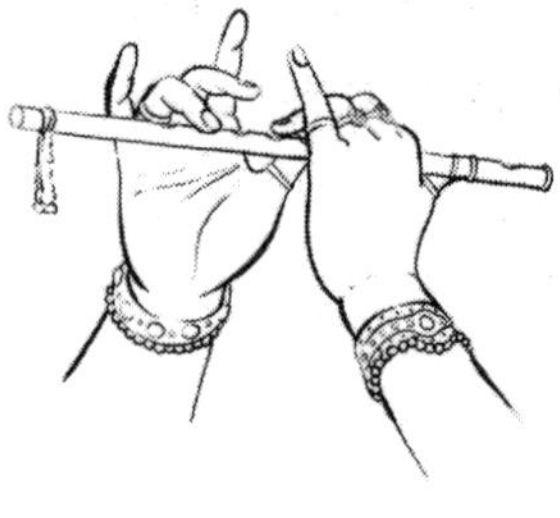

ऐसी लागी अगन

है जीव जो हरि नाम का सत्संग किया करे।
है भक्त वो जो कृष्ण की चादर लिया करे।।
बेकार है वो मुख जो जपता नहीं हरि नाम को,
मुख वो है जो नित कृष्ण चरणामृत पिया करे।
हीरे मोती से नहीं शोभा शरीर की,
सुन्दर वो मस्तक है तिलक जिस पर लगा करे।
मर कर अमर है जीव सद्गति प्राप्त है उसे,
हरि नाम के संग पल पल जो जीवन जिया करे।।

ऐसी लागी अगन मैं तो हो गयी मगन,
मैं तो हरि-हरि हरि गुण गाने लगी।
मैं तो काशी गयी मैं तो मथुरा गयी,
मैं तो बृज में ही धूनी रमाने लगी।।

मैं तो कुंजन गयी मैं निकुंजन गयी,
बृज के चन्दन को माथे लगाने लगी।
मैं गोवर्धन गयी राधा कुंड भी गयी,
शीश बाँके बिहारी नवाने लगी।।

राधे कृष्णा कहूँ भक्त के संग रहूँ,
खुद को कृष्णा की दासी बताने लगी।
मैं तो सत्संग गयी कृष्ण में रम गयी,
'दास नारायण' पद गुनगुनाने लगी।।

जीवन कितने दिन का

जीवन कितने दिन का।।
तू न रहेगा कर्म रहेगा,
चर्चा होगी भाई।
अच्छे कर्म की पूजा होगी,
बुरा कर्म है बुराई।।
कर का मनका अब ना कर तू,
मन का धर ले मनका।।

हीरा मोती सोना चाँदी,
ये शरीर है नश्वर।
परमार्थ पूजा जैसी है,
सद्गति देवे ईश्वर।
कर ले भलाई कर ले भलाई,
जीवन कितने क्षण का।।

भाई बन्धु संगी साथी,
धर्म के साथ जो होवे।
धर्म बिना जीवन है ऐसो,
जल बिन मीन जो रोवे।
'दास नारायण' प्रभु चरणों में,
जीवन जल में तिनका।।

देने योग्य दान है, लेने योग्य ज्ञान।
धारण योग्य सन्तोष है,
छोड़ने योग्य रोष।
करने योग्य दया है,
रखने योग्य हया।

पढ़ने योग्य ग्रन्थ है,
चलने योग्य सुपन्थ।
करने योग्य भलाई है,
अपनाने योग्य सच्चाई।
स्मरण योग्य हरि नाम है,
जाने को हरिधाम।।

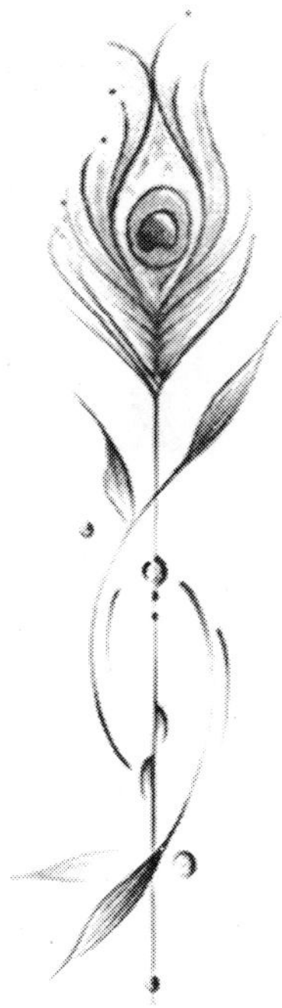

पल-पल तड़पूँ

पल-पल तड़पूँ हर पल चाहूँ,
चरणामृत गोपाल का।
वृन्दावन का कृष्ण कन्हैया,
ध्यान ज्ञान नन्दलाल का।।

यशुमती जिस पर बलि-बलि जावें,
कृष्ण कन्हैया ग्वाल का।
मुरली मनोहर प्रिय राधा के,
श्याम सुन्दर बृज पाल का।।

मधुसूदन जो प्रेम के सागर,
नटवर दीन दयाल का।
'दास नारायण' अँखियाँ प्यासी,
दरसन हो बृजपाल का।।

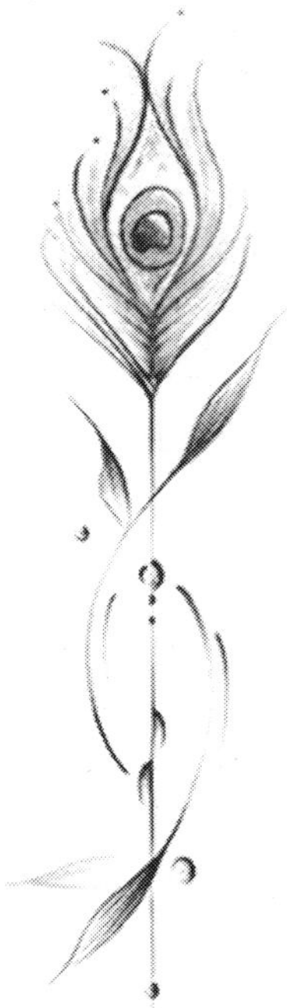

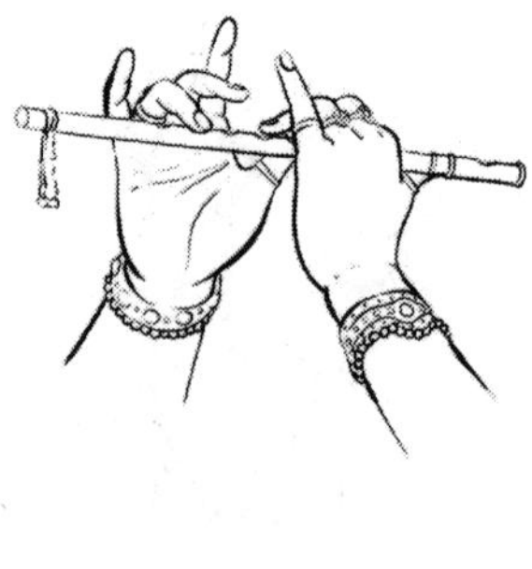

श्याम बिना कौन सुने मोरी बात

श्याम बिना कौन सुने मोरी बात।
रात रात भर अँखियन आँसू,
जागूँ मैं दिन रात।।

इत उत देखूँ नज़र ना आवे,
नज़रों में छवि तेरी।
काहे आँख मिचौली मुझसे,
देख दशा तू मेरी।
बनी बावरी दरसन के बिन,
अब ना कछु सुहात।।

मैं तो अपने वचन श्याम जी,
तुमने तोरी डोर।
तुम ना मिले तो,
समझो श्याम जी,
प्राण तजूँगी भोर।
'दास नारायण' श्याम प्राण हैं,
श्याम मेरी सौगात।।

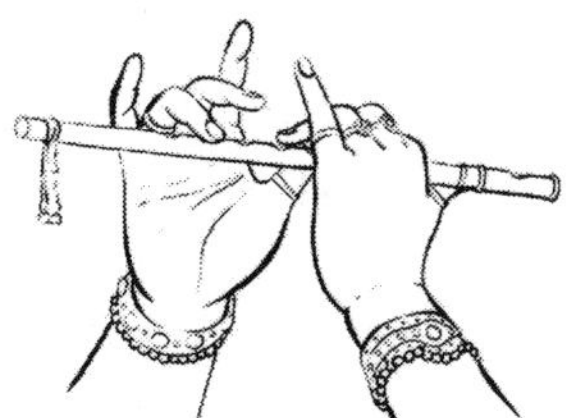

अब तो दयानिधान दया कर

अब तो दयानिधान दया कर,
मेरा जनम बनाओ।
जो अपराध किया है स्वामी,
कृपा करो भुलाओ।।

नहीं ज्ञान ना बुद्धि मुझमें,
ना विवेक मैं जाना।
सदाचार सत्संग ना जाना,
कर्म धर्म ना माना।
अब तो देर बहुत भई स्वामी,
क्षमा करो अपनाओ।।

चरण में तेरे पड़ा हूँ स्वामी,
जो चाहे गति देवो।
नहीं छोड़ तेरे चरण मैं जाऊँ,
ले लो या ना लेवो।
'दास नारायण' करें प्रार्थना,
हमको ना ठुकराओ।।

जिस देश में जिस भेष में परिवेश में रहो

जिस देश में जिस भेष में परिवेश में रहो।
राधा रमण राधा रमण राधा रमण कहो।।

जिस दाँव में जिस नाँव में जिस गाँव में रहो,
राधा रमण राधा रमण राधा रमण कहो।।

जिस काज में जिस साज में जिस लाज में रहो,
राधा रमण राधा रमण राधा रमण कहो।।

जिस रंग में जिस ढंग में जिस संग में रहो,
राधा रमण राधा रमण राधा रमण कहो।।

जिस तान में जिस पान में जिस शान में रहो,
राधा रमण राधा रमण राधा रमण कहो।।

जिस चाल में जिस हाल में जिस ढाल में रहो,
राधा रमण राधा रमण राधा रमण कहो।।

जिस योग में संयोग में वियोग में रहो,
राधा रमण राधा रमण राधा रमण कहो।।

जिस खेत में जिस रेत में जिस सेतु में रहो,
'दास नारायण' प्रेम से राधा रमण कहो।।

ये जीवन की गति है प्यारे

ये जीवन की गति है प्यारे,
इसको हमें समझना होगा।
जन्म हुआ है तो मृत्यु भी होगी,
मुक्ति मोक्ष तक चलना होगा।।

गिरना उठना और सँभलना,
कदम कदम पे दुःख है प्यारे।
कृष्ण का नाम तू पल पल ले ले,
इस जीवन को वही सँवारे।।

जिस आँगन में खेला कूदा,
उस आँगन में अर्थी सजी है।
समय से पहले चेत बन्दे,
चेतना की घंटी बजी है।
कृष्ण कृष्ण का सुमिरन सरल है,
फिर क्यूँ प्यारे मुख तू मोड़े।
'दास नारायण' कृष्ण का सुमिरन,
सुखी मार्ग है कृष्ण को जोड़े।।

तरपत हूँ दिन रात

तरपत हूँ दिन रात।
चैन नहीं घनश्याम।।

निस दिन बाँट निहारत रह गयी,
कब सुध लोगो श्याम।।

अपने अँसुवन ते मैं बह गयी,
बाँह पकड़ के थाम।।

तेरे नाम की रट अब लागी,
दुनिया से क्या काम।।

'दास नारायण' संग सखि संग,
चरणों में विश्राम।।

तू ही ईश्वर तू ही मालिक

तू ही ईश्वर तू ही मालिक
तू ही है भगवान।
हम हैं तेरे बन्दे प्रभु जी,
हमको दो वरदान।।

सारे जग का कर्ता धर्ता,
तेरे नाम अनेक।
तेरी हम सब करें अर्चना,
करते हैं अभिषेक।
अन्तर्ज्ञान का दीप जला दो,
गाये मंगल गान।।

जैसे सूरज दिन में निकले,
चन्दा निकले रात।
हम सभी के पथ में प्रभु जी,
तुम ही करो प्रभात।
हम हैं तुम्हरे अंश प्रभु जी,
तुम्हरा करते ध्यान।।

सत्य की लौ मन में होवे,
प्रेम का संसार।
बिना तुम्हारे कौन है प्रभु जी,
तुम मेरे आधार।
'दास नारायण' करें निवेदन,
दे दो सब गुण दान।।

जीवन की प्रभु साँझ भई है

जीवन की प्रभु साँझ भई है,
अब तो शरण में ले लो।
जगत के स्वामी मेरे प्रभुवर,
अपने चरण में ले लो।।

इस देही के मालिक तुम हो,
तुमको सदा भुलाया।
भरी जवानी मोल न जाना,
सदा तुम्हें बिसराया।
तेरे चरण ही मान सरोवर,
अपने तरण में ले लो।।

छोड़ के कंचन पाकर पीतल,
अंग ही उसे लगाया।
मृगतृष्णा की प्यास में भटका,
मन मेरा भरमाया।
'दास नारायण' भिक्षा माँगे,
अपनी धरण में ले लो।।

श्याम नाम रस बरसे

श्याम नाम रस बरसे रे मनवा,
श्याम नाम रस बरसे।।

सावन भादों जस हरियाली,
तस हरियाली तन में।
जस बसन्त में फुलवा खिलते,
तस फुलवारी मन में।
निरख निरख प्रभु श्याम छवि को
मनवा मोरा हरषे।।

श्याम नाम में मन अस भीजा,
नदिया तट हो जैसे।
श्याम बिना जीवन है ऐसो,
जल बिन मीन हो जैसे।
'दास नारायण' प्रभु चरणों को,
बार-बार मन तरसे।।

तुम करुणा के सागर हो प्रभु

तुम करुणा के सागर हो प्रभु,
मेरी गागर भर दो।
थके पाँव हैं दूर गाँव है, अब तो किरपा कर दो।।

क्लेश द्वेष से भरा ये मन है,
मैला मेरा तन है।
तुम कृपाला दीन दयाला,
तुमसे ही जीवन है।
इस तन मन को उपवन करने,
का वरदान अमर दो।।

याचक बन कर खड़ा हूँ द्वारे,
दोनों हाथ मैं जोड़े।
परम पिता तुमको मैं जानूँ,
पिता न बालक छोड़े।
'दास नारायण' करें अर्चना,
मेरी पीड़ा हर लो।।

श्री कृष्णः शरणं मम

श्री कृष्णः शरणं मम।
कृष्ण चरण तज जाऊँ कहाँ मैं,
वो तो चारो धाम।
श्री कृष्णः शरणं मम।।

ऋषि मुनि सन्त सनातन पूजें,
श्री कृष्णः शरणं मम।
श्री कृष्णः शरणं मम।।

चरण वन्दना श्रीकृष्ण की,
श्री कृष्णः शरणं मम।
चरण वन्दना श्रीकृष्ण की,
भक्त करें निष्काम।
श्री कृष्णः शरणं मम।।

'दास नारायण' सब सुख पावें,
श्री कृष्णः शरणं मम।
'दास नारायण' सब सुख पावें,
कृष्ण शरण आराम।
श्री कृष्णः शरणं मम।।

कृष्ण चरण तज जाऊँ कहाँ मैं,
वो तो चारो धाम।
श्री कृष्णः शरणं मम।।

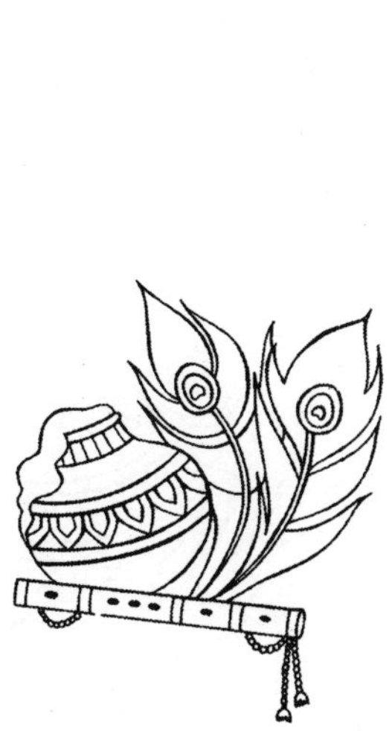

बेला है हरि सुमिरन की

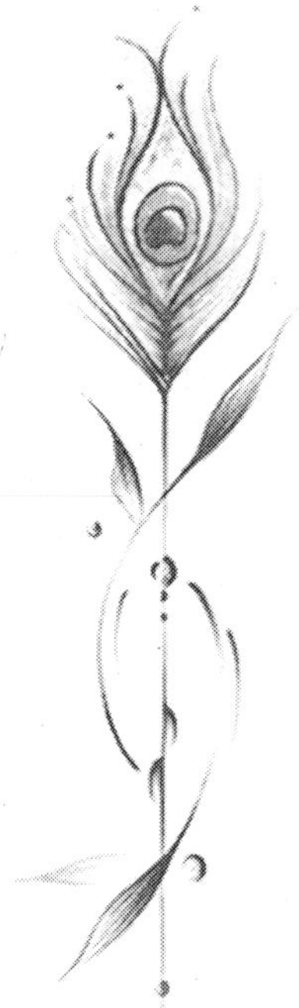

पूरब में सूरज की लाली,
बेला है हरि सुमिरन की।
हरी हर के नव जल से नहा के,
सुन्दर छवि ले दर्शन की।।

वन उपवन में पंछी जागे,
जड़ चेतन सब जाग पड़े।
भोर की वेला स्वर लहरी में,
हरि सुमिरन का राग छिड़े।
हरि हरि बोलो, हरि हरि जप लो,
रहे वन्दना अर्चन की।।

मन्दिर मन्दिर शिविर शिविर में,
घंटा घड़ियाली बाजे।
शंखनाद ध्वनि होवे आरती,
मंजिरा ताली बाजे।
'नारायण' के मन में भक्ति,
और भावना अर्पण की।।

कृष्ण की कितनी करौं बड़ाई

कृष्ण की कितनी करौं बड़ाई।
जस आकाश कुँ छोर न पाऊँ,
तैसन गुनन् मैं गाई।।
कृष्ण की कितनी करौं बड़ाई

चित्त चोर लला जो मेरो,
चौंसठ कला को जानै।
ब्रजमंडल रज मस्तक धर कैंइ,
हम भगवान सों मानैं।।
श्याम सुन्दर, गोवर्धनधारी कुँवर चन्द्र कन्हाई।
कृष्ण की कितनी करौं बड़ाई

तरस दरस कुँ अखियन जावै,
कुंज निकुंज मैं जाऊँ।
हर छोर पे कृष्ण को पाऊँ,
हृदहिं उन्हें बसाऊँ।।
'दास नारायण' कृष्ण चरण कूँ सदा करौं सेवकाई
कृष्ण की कितनी करौं बड़ाई

तुम तो नयन की ज्योत हो कृष्ण

तुम तो नयन की ज्योत हो कृष्ण,
तुम हृदय की प्यास हो।
बेसहारे जो हैं जगत में,
उन दिलों की आस हो।।

नाम तुम्हारा मधुसूदन,
दिशाहीन की आँख हो।
सभी हृदय में तुम बसते
भक्ति वृक्ष की साख हो
तेरे नाम की महिमा भारी,
क्षण में संकट नाश हो।।

नाम तुम्हारा लेकर कृष्ण,
बिना पैर पंगु चलते हैं।
तुम्हरी दया की चादर ओढ़े,
'दास नारायण' पलते हैं।
जिनके सर पे कोई न साया,
हर दम उनके पास हो।।

श्याम है गंगा

सा रे ग म प, ध म ग रेऽ रेऽ, रे ग रे साऽ सा
म प ध सां रें सां ध म रे ग रे, ध म रे ग रे स

श्याम है गंगा श्याम है जमुना,
श्याम त्रिवेणी प्यारे।
श्याम में सारा जग है समाहित,
सूरज चाँद सितारे।।
श्याम है गंगा

श्याम प्रेम है श्याम प्रीत है,
श्याम भक्ति की गाथा।
प्रेम भक्ति का ऐसा संगम,
झुके सबों का माथा।
राधे श्याम सदा हैं रक्षक,
राधे श्याम हमारे।।
श्याम है गंगा

श्याम कृपा है पल पल जग में,
जिसने जब भी पुकारा।
दया की सीढ़ी श्याम नाम है,
खुला है उसका द्वारा।
श्याम नाम जो मुख में रखें,
कभी न जग में हारे।।
श्याम है गंगा

बाल अवस्था की लीला है,
मर्म समझ जो जाये।
गोप गोपियाँ दास बनी हैं,
सन्त हमें समझावे।
'दास नारायण' कृपा को चाहें,
तेरी ओर निहारे।।
श्याम है गंगा

ओ कहले मनवा कृष्ण कृष्ण

ओ कहले मनवा कृष्ण कृष्ण,
यही नाम है असली धन।
जब उड़ जाए प्राण पखेरू,
राम नाम कहता जन-जन।।

जीवन के रहते तू भटका,
दर-दर माया पाने को।
जो माया है झूठी नश्वर,
उसको अंग लगाने को।
अंग लगाया अंग भी छूटा,
अब क्या करे जतन।।

माया छूटी दर भी छूटा,
छूटे मन के मीत सभी।
मीत के काँधे तेरी माटी
माटी में मिल जाएँ सभी।
कण-कण माटी में बसा है,
सच्चा मीत सघन।।

चन्दन का ये जीवन है रे,
सर्प है जैसे ये माया।
प्रभु की भक्ति चन्दन महके,
निर्मल होगी ये काया।
'दास नारायण' समय है थोड़ा
अब तो लगा लगन।।

तन तो कृष्ण को अर्पण है

तन तो कृष्ण को अर्पण है,
हम करते हैं पूजन।
प्रयाग काशी और अयोध्या,
सब में वृन्दावन।।

हुआ अँधेरा दिया जला ले,
कृष्ण नाम की ज्योती।
इस ज्योती से हम चुन लेंगे,
सागर में जो मोती।
वृन्दावन की माटी पावन,
हम करते हैं वन्दन।।

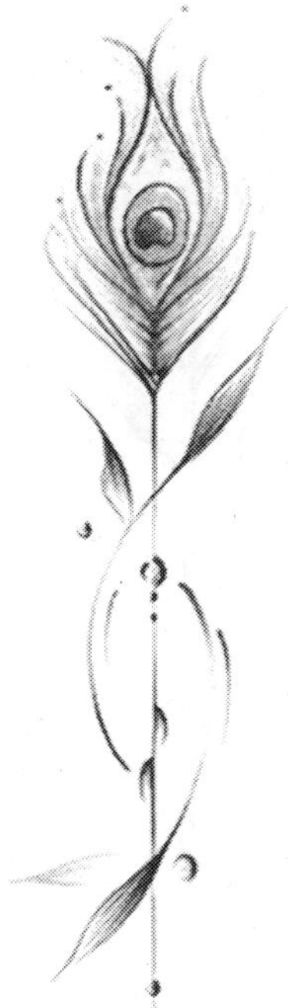

अमृत मन्थन कृष्ण जप में,
कृष्ण तप है न्यारा।
भक्ति शक्ती दोनों जग में,
मन्त्र ने सदा उबारा।
मन में कृष्ण की मूरत है,
हैं मेरे भगवन।।

कृष्ण नाम की शोभा घूमे,
घर-घर नगरी-नगरी।
इस शोभा में साथ जो होवे,
पावे इच्छा गगरी।
'दास नारायण' कृष्ण दर्शन,
करते हम वन्दन।।

करौं भरोसा कृष्ण चरण में...

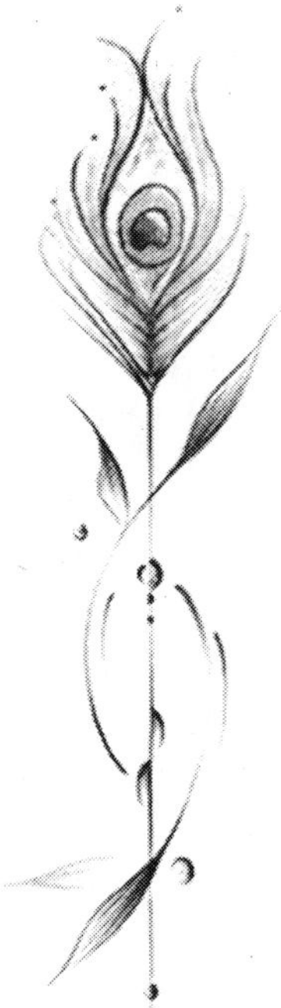

करौं भरोसा कृष्ण चरण में।
सदा रहौं मैं कृष्ण शरण में।।

आदि कृष्ण सों कृष्ण अन्त में,
सुख उपजे नित कृष्ण पन्थ में।
कृष्ण कृष्ण का जाप करें हम,
कृष्ण कमल जग ताल तरण में।।

परम रूप जिनका सुख देवे,
हर पीड़ा को जो हर लेवे।
'दास नारायण' भक्ति प्रेम संग,
कृष्ण कृपा है कृष्ण वरण में।।

मैं कृष्ण के गुण गाऊँ...

मैं कृष्ण के गुण गाऊँ।
मैं दर्शन उनका पाऊँ।।

कृष्ण पुजारिन कृष्ण प्रेम में,
हरि हरि हरि हरि जपती।
वृन्दावन है पावन धरती,
कृष्ण कृष्ण ही कहती।
मैं कृष्ण कथा सुनाऊँ,
मैं दर्शन उनका पाऊँ।।

मेरे तो आराध्य कृष्ण हैं,
कृष्ण धाम में बसती।
कृष्ण प्रेम की दासी हेमा,
जमुना तीरे रहती।
मैं 'नारायण' पद गाऊँ,
मैं दर्शन उनका पाऊँ।।

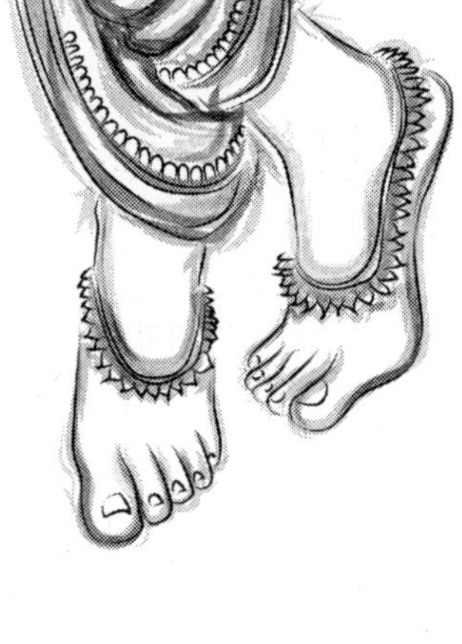

कृष्ण होली में रंग जाओ...

श्री राधा रानी :

कृष्ण होली में रंग जाओ।। स्थायी।।
अंग अंग मैं रंगना चाहूँ,
अंग होय पिचकारी।
कृष्ण नाम में मैं रंग जाऊँ,
मैं तुम पर बलिहारी।
आज बिरज में होली कृष्ण वृन्दावन में आओ।।

प्रेम भक्ति की तन पिचकारी,
भर भर कर रंग डारूँ।
बारहों मासा प्रेम में भीगी,
जीवन अपना हारूँ।।
मैं दासी चरणों की तेरी,
चरणों में अपनाओ।
कृष्ण होली में रंग जाओ....

श्रीकृष्ण :

ना राधे ना ऐसा बोलो,
तुम तो मेरी शक्ति।
हृदय में मेरे सदा रही हो,
प्रेम रंग संग भक्ति।
आ जाओ अपने हाथों से,
मुख पर रंग लगाओ।।
कृष्ण होली में रंग जाओ...

श्रीकृष्ण :

गोप गोपियाँ तुम भी आओ,
फागुन का रंग प्यारा।

श्री राधा रानी :

दास नारायण दासी हेमा,
ये त्यौहार है न्यारा।

श्रीकृष्ण :

नृत्य मृदंग ताल-ताल पर,
प्रेम रंग बरसाओ।

सखियाँ :

कृष्ण होली में रंग जाओ।

जिस प्रभु ने ये नयन दिये हैं...

जिस प्रभु ने ये नयन दिये हैं,
और दिया जीवन अनमोल।
हरि का दर्शन इन अँखियों से,
और अधर से हरि हरि बोल।।

इन अँखियों में ज्योति प्रभु की,
इन अँखियों से जो संसार।
दो अँखियों में जो है समाया,
उसमें प्रभु का सच्चा प्यार।।
कैसे चुकाऊँ प्रभु मैं तुमको,
इस जीवन का जो है मोल।।

तुम्हरी छवि को सदा निहारूँ,
करूँ मैं सुन्दर मंगल गान।
तुम्हरी सेवा में जीवन हो,
चरणामृत का निसदिन पान।।
मन की आँखें अभी बन्द हैं,
उनको प्रभु जी तुम दो खोल।।

अधरों पर हरि नाम बसा है,
बिना हरि के अधर कहाँ।
हरि नाम बिन ये तन कैसा,
वचनों की फिर क़दर कहाँ।।
'दास नारायण' हरि बिन ये तन,
बिना ध्वनि का जैसे ढोल।।

संग किशोरी झूला झूलें...

संग किशोरी झूला झूलें,
ब्रज के नन्दगोपाल।
देख छवि सखी नन्दलाल की,
मैं तो हुई निहाल।।

मृदु मुस्कान मृदुल भृकुटि जो,
मस्तक तिलक लगाए।
झूले पर क्षण मृदु आलिंगन,
राधा मन मुस्काए।।
तीन लोक के स्वामी संग में,
यशोदा माँ के लाल।।
संग किशोरी झूला झूलें...

इन्द्र धनुष की आभा नभ में,
पुष्प का वर्षण झर झर।
राधाकृष्ण हिंडोला पावन,
दर्शन ब्रज में घर घर।।
'दास नारायण' 'दासी हेमा',
आनन्दित सब ग्वाल।।
संग किशोरी झूला झूलें...

झूला श्याम जी आज झुलावें...

झूला श्याम जी आज झुलावें,
राधा रानी हिंडोले पर
गीत श्याम जी गावें।।

ऊँची ऊँची पेंग प्रेम में,
तीन लोक को छू लें।
कभी-कभी तो श्याम प्रभु जी,
युगल रूप में झूलें।।
राधा कृष्ण के युगल रूप का,
दर्शन जन-जन पावें।
झूला श्याम जी आज झुलावें...

गोप गोपिया चहुँदिस रहकर,
वाद्य वृन्द को बजावें।
रिमझिम रिमझिम मोतियन माला,
राधा जी सकुचावें।।
'दास नारायण' 'दासी हेमा'
दर्शन कर हर्षावें।
झूला श्याम जी आज झुलावें...

ना ना कृष्ण न छुटिहै ये राधे का रंग...

श्री राधा रानी :

ना ना कृष्ण न छुटिहै ये राधे का रंग।
होली पर जो रंग है डारा वो जीवन के संग।।

श्री कृष्ण :

सत्य वचन तेरा राधे तनमन है रंगा,
होली की पिचकारी संग प्रेम रंग सुगन्धा।
तेरे रंग में मैं रँगा हूँ राधे लिखा है अंग,
होली पर जो रंग है डारा वो जीवन के संग।।

श्री राधा रानी :

सारी सखियों के संग बाँटा प्रेम तुमने अपना,
होली पर हो प्रेम जताते मुझे लगे है सपना।
झूठ मूठ का स्वांग धरे हो नीक न लागे ढंग,
होली पर जो रंग है डारा वो जीवन के संग।।

श्री कृष्ण :

ना ना राधे ऐसा कह कर हृदय नहीं दुखाओ,
सारी सखियों में तुम ही हो निकट से देखो आओ।
सारा ब्रजमंडल राधे मय है प्रेम की बहे तरंग,
होली पर जो रंग है डारा वो जीवन के संग।।

गोप गोपियाँ :

गोप गोपियाँ होली खेलें नृत्य ताल मृदंग,
कृष्ण हमारे देव हैं रक्षक प्रेम भक्ति संग संग।
'दास नारायण' 'दासी हेमा' राधे संग उमंग,
होली पर जो रंग है डारा वो जीवन के संग।।

फागुन में श्याम रंग संग...

फागुन में श्याम रंग संग,
कृष्ण रंग में रँगना।
केसर गुलाब टेसू रंग से,
है होली में सजना।।
ये होली की है प्रीति सखि,
ये होली की है रीति।।

प्रेम नयन और प्रेम भाव संग,
संग-संग श्रीकृष्णा।
स्वर्ण पिचकारी भरी प्रीति रंग,
नयन डोर से बँधना।
होली का आनन्द नृत्य संग,
बृज में प्रिय वर बसना।।
फागुन में श्याम रंग संग...

केवड़ा इत्र सुगन्धित तन पर,
कृष्ण सुवासित काया।
कृष्ण कृष्ण नित श्याम श्याम जप,
जर जावे सब माया।
'दास नारायण' 'दासी हेमा',
बरसाने में रहना।।
फागुन में श्याम रंग संग...

हृदय हमारा सिंहासन है

हृदय हमारा सिंहासन है,
इस पर श्याम विराजे।
अधर हमारे उनका आसन,
इस पर कृष्णा साजे।।

नयन पलक हैं प्रेम का झूला,
श्रीहरि इसमें झूलें।
हरि नाम है जीवन रसना,
कबहुँ न हम ये भूलें।
हृदय अधर और नयन पलक पर,
श्रीहरि पल-पल राजे।।

अंग-अंग में हरि दर्शन की,
लेप सुगन्धित महके।
रोम-रोम में हरी नाम की,
रटन लगे रह-रह के।
तन तंबूरा 'नारायण' स्वर,
वीणा बनकर बाजे।।

ये जीवन तो नैया जैसे

ये जीवन तो नैया जैसे,
राम कृष्ण हैं दो पतवार।
डगमग जीवन नैया होवे,
नहीं प्रभू हों खेवनहार।।

भक्ति की धारा में जिसने,
इस जीवन को बहा दिया।
सन्तों का सत्संग किया,
और गंगाजल से नहा लिया।
रे जीवन तो इक प्रसाद है,
ये सुन्दर फूलों का हार।।
राम कृष्ण हैं दो पतवार

कृपा तुम्हारी बनी रहे प्रभु,
नैया तो मेरी कमज़ोर।
माया के बादल ऊपर हैं,
और घटा काली घनघोर।
'नारायण' प्रभु पार करो अब,
दास हुआ बेबस लाचार।।
राम कृष्ण हैं दो पतवार

ये दुनिया है अजब बजार

ये दुनिया है अजब बजार,
कोई चाहे सोना चाँदी,
कोई चाहे प्यार।।

सोना चाँदी साथ न जाना,
हीरे मोती साथ न जाना।
माया धोका दे जायेगी,
प्यार रहे दिन चार।।

कोई चाहे महल दुमहले,
कोई सिंहासन को पहले।
कुछ दिन में सब ढल जायेगा,
कर ले आज विचार।।

कोई चाहे तन की सुगन्धी,
लोभ में आके बना है बन्दी।
चिता जली है सभी खड़े हैं,
छूट गया सारा संसार।।

'दास नारायण' हरि न छूटा,
हरि नाम का हीरा लूटा।
मन्दिर चौखट पड़ा रहा मैं,
हुआ आत्म उजियार।।

मैं बगियन में फूल बनूँ

मैं बगियन में फूल बनूँ,
प्रभु कोई चढ़ाए तेरे चरण।
और न कोई इच्छा है प्रभु,
रहूँ तुम्हारी सदा शरण।।

बनूँ जो चन्दन किसी जनम में,
वहाँ चरण प्रभु तुम रखना।
बनूँ मैं बाती किसी जनम में,
मन्दिर में चाहूँ जलना।
'दास नारायण' भक्त कमल बन,
रहूँ मैं हरि के ताल चरण।।

ब्रह्म मुहूर्त या भोर की बेला

ब्रह्म मुहूर्त या भोर की बेला,
जब भी आँखें खोलूँ।
नारायण हरि कृष्ण-कृष्ण संग,
राम-राम ही बोलूँ।।

प्रभु का सुमिरन भोर में करके,
मन निर्मल हो जावे।
तन का सारा कष्ट मिटे,
और सुख सम्पत्ति घर आवे।
प्रभु चरणों की चाह रहे बस,
प्रभु चरणों में हो लूँ।।

नारायण हरि कृष्ण कृष्ण संग,
मैं राम राम ही बोलूँ।

प्रभु का सुमिरन सुबह-सुबह कर,
तन मन हो आनन्दित।
हरि के दर्शन सुबह-सुबह हों,
नयन भक्त के पुलकित।
'दास नारायण' हरि-हरि जप के,
सारे मैल को धो लूँ।।

नारायण हरि कृष्ण कृष्ण संग,
मैं राम राम ही बोलूँ।

प्रभुजी अब तुम शयन करो

प्रभुजी अब तुम शयन करो,
दास तुम्हारो चरण दबावें,
नयनन नींद भरो।।

मखमल की शैया डारे हौं,
तापे पुण्य परो।
पंख झलाऊँ, धूप जलाऊँ,
सिरहन रहूँ खरो।
'दास नारायण' कृष्ण चरण तज,
कौन जो पीर हरो।।

नित-नित पाप करे तू प्राणी

नित-नित पाप करे तू प्राणी,
हरि का छोड़ा द्वार।
ये जनम तो चला चली है,
अगला जनम सुधार।।

पिछले जनम का भोग तू भोगे,
तुझको नहीं है याद।
तड़प रहा है अधोगति में,
कौन सुने फरियाद।
अब भी थोड़ा समय है बन्दे,
कर ले प्रभु से प्यार।।

दुख तू प्राणी सहता जाए,
सुख आये दुख जाए।
धैर्य प्रेम से दुख जो सहता,
पाप कटे सुख आये।
'दास नारायण' हरि जग साँचा,
सदा ये ही आधार।।

नदी किनारे खड़ा है पगले

नदी किनारे खड़ा है पगले,
फिर भी तू है प्यासा।
हरि का नाम तो पास है बन्दे,
फिर क्यों छोड़े आशा।।

इस जग की नदिया में देखो,
प्रभु का जल है प्यारा।
छल-छल कल-कल निर्मल है जल,
प्रभु सुमिरन की धारा।
जीवन की गति ऐसी है जस,
जल में पड़े बताशा।।

बहती नदिया की धारा में,
जी भर कर जल पी ले।
जनम-जनम की प्यास बुझे है,
इस जीवन को जी ले।
मृगतृष्णा की भटक मिटे और,
मन की मिटे पिपासा।।

जल में दर्शन अपने मुख का,
जल ही तन को धोता।
निर्मल तन-मन हो जावे रे,
रोज़ लगा ले गोता।
'दास नारायण' हरि जल प्यासा,
जीवन तोला मासा।।

जीवन है सुख-दु:ख का मेला

सुमिरन कर ले चारों वेला।
जीवन है सुख-दु:ख का मेला।।

हरि को काहे मनवा भूला,
हरि तो है सावन का झूला।
काहे का तू रहे अकेला।।

इस मेले में दर्द खिलौना,
ये मेला है इक मृगछौना।
जो सुख है माटी का ढेला।।

प्रभु का जा करते हैं सुमिरन,
सुमिरन से जीवन है उपवन।
'दास नारायण' छोड़ झमेला।।

अब तक पाप किया जो तूने

अब तक पाप किया जो तूने,
अब भी चाहे तो धो ले।
पहले पाप का पछतावा कर,
फिर प्रभु चरणों में हो ले।।

जब भी आँख खुले रे प्राणी,
वहीं सवेरा जानो।
जहाँ ज्ञान भक्ति का संगम,
उसको संगम मानो।
प्रायश्चित्त करके मन में ये,
अधर हरि हरि बोले।।

पाप पुण्य जीवन के धारे,
अज्ञान से जीव अधूरा।
गुरु ज्ञान सत्कर्म भक्ति से,
जीवन लक्ष्य हो पूरा।
'दास नारायण' तृष्णा त्यागो,
वो पाप किवाड़ा खोले।।

जानबूझकर नहीं किया तो

जानबूझकर नहीं किया तो,
पाप धुले प्रभु चरणा में।
भूल तो सबसे हो जाती है,
आ जाओ हरि शरणा में।।

शुद्ध होने का मार्ग मिला है,
इत उत प्यारे न डोलो।
बड़े भाग्य मानुष तन पाया,
ज्ञान की खिड़की तो खोलो।
सारा पाप धुलेगा प्राणी,
प्रभुमय हो प्रभु करुणा में।।

पापी को दंड प्रभु देते हैं,
अपने हाथ न पाप करो।
एक पाप छुपावन खातिर,
दूजे पाप न आप करो।
अत्याचार करो न प्राणी,
'दास नारायण' प्रभु धरणा में।।

अधिक समय न हो प्यारे

अधिक समय न हो प्यारे, थोड़ा भजन ही कर लो।
सत्संग, भक्ति करके बन्धु हर पीड़ा को हर लो।।

सत्संग में ही सत्य ज्ञान है,
सत्संग से ही मिलता।
कमल सदा ही ताल-तरण में,
क्यूँ प्यारे है खिलता।
ध्यान-साधना भक्ति करके,
आनन्द से मन भर लो।।

बूँद-बूँद कर सागर भरता,
भक्ति होगी पूरी।
ईश्वर का दर्शन भी होगा,
मिट जाएगी दूरी।
'दास नारायण' हरि की मूरत,
मन मन्दिर में धर लो।।

अक्षर तुमने दिया प्रभुजी

अक्षर तुमने दिया प्रभुजी,
शब्द दिया और वाणी।
तुमरा सारा जगत ऋणी है,
ऋणी रहेगा प्राणी।।

सुबह-सुबह उन अक्षर से ही,
शब्द भाव का अर्पण।
ये तन तुमने दिया प्रभुजी,
तुमको आज समर्पण।।

वाणी में जो मधुर घोल है,
रस माधुर्य की धारा।
नर से बना 'दास नारायण',
दान दिया है प्यारा।
एक बार तुम सम्मुख आओ,
दे दो प्रभुजी दर्शन।।

काहे करत है देर रे मनुआ

काहे करत है देर रे मनुआ,
काहे करत है देर।
ये जीवन की चढ़ी उमरिया,
ढलत ना जाये देर।।

कल तक शिशु था अब ये बालक,
युवा हुआ ये तन।
कल तक नहीं रमा भगवन में,
प्यारे तेरा मन।
जब भी जागे नींद से बन्दे,
उसको मान सबेर।।

नहीं रमा तो नहीं रमा रे,
अब काहे की देर।
अब तो समझ जवां हुई है,
भूल न अबकी बेर।
बेर-बेर तू सोच ले मनुआ,
माया न ले घेर।।

अभी समय है अब तो भज ले,
प्रभु नाम की टेर।
कुछ दिन में बन जायेगा,
तन माटी का ढेर।
'दास नारायण' प्रभु है बन्दे,
सबसे बड़ा कुबेर।।

कोयले की ये डगर है पगले

कोयले की ये डगर है पगले,
सँभल-सँभल के चलना।
लगे न माया मोह की कालिख,
बन्दे सदा सँभलना।।

कहीं दाग ये लग जाए ना,
कलयुग है इक छलना।
दीप बने हम प्रभु चरणों में,
भक्ति ज्योत संग जलना।
गीता का जो ज्ञान संग में,
फिर काहे का डरना।।

तृष्णा से संयम टूटे है,
भोग वासना आए।
भक्ति साधना सत्संग करके,
संयम सहज ही पाए।
'दास नारायण' साधो सुन लो,
मुख कालिख न मलना।।

चरणामृत का मैं अभिलाषी

चरणामृत का मैं अभिलाषी द्वार तुम्हारे आया।
चरणामृत की एक बूँद से निर्मल होगी काया।।

तुम तो कृपासिन्धु के सागर एक बूँद की आस मेरी,
जनम-जनम से मैं हूँ प्यासा एक बूँद की प्यास मेरी।
दे दो प्रभु जी दे दो प्रभुजी तुमने तो ही बनाया।।

मैंने तुमसे कुछ नहीं चाहा एक बूँद है माँगा,
एक बूँद जिस भगत ने पाई उसका भाग्य है जागा।
तुम्हरे चरणों का दर्शन ही हर पल मुझको भाया।।

चरणामृत के रूप बहुत ज्यूँ दीन दुखी की सेवा,
रंग बहुत हैं इस अमृत के सब में तू है देवा।
दान क्षमा परमारथ सब ही चरणामृत समाया।।

तेरे चरणों की सेवा प्रभु ऋषि-मुनि करते रहते,
सभी भक्त नतमस्तक हो नित्य वन्दना करते।
'नारायण' चरणामृत पाकर छोड़ें सारी माया।।

जब कोयल की कूक हुई

जब कोयल की कूक हुई तो बंसी में सुर आए।
झूम-झूम के पत्ते झूमे मन मोरा बौराए।।

किस खुशबू को खोज रहा मन किसकी मन में प्यास,
कहीं न कहीं तो मिल जाएगी क्यूँ मन ये भरमाए।

हरि सहारे बैठ किनारे लहरों को सब गिनते,
जर्जर होकर बँधी है कश्ती कैसे पार लगाए।

कोयल कौवे दोनों यहाँ पर दोनों के रंग काले,
पहचानूँगा कोयल को मैं जब गीत मधुर सुनाए।

सूखी धरती पड़ी दरारें बंजर भई जमीन,
'दास नारायण' बैठे हैं हम बादल जल बरसाए।

जिस काम से दुःख औरों को

जिस काम से दुःख औरों को,
वही पाप बन जाता है।
औरों को जो सुख देवें हैं,
वही पुण्य कहलाता है।।

पाप से हरदम पाप उपजता,
जैसे काँटे से काँटा।
पाप को प्राणी खुद भोगे है,
पाप को किसने है बाँटा।
आग बरसती है गरमी में,
सावन जल बरसाता है।।

लोभ मोह असत्य अधर्मी,
छल-कपट से सदा भरा।
दान-पुण्य परमारथ न हो,
तो पूरा है पाप घड़ा।
कर चतुराई फूटेगा ही,
'दास नारायण' बतलाता है।।

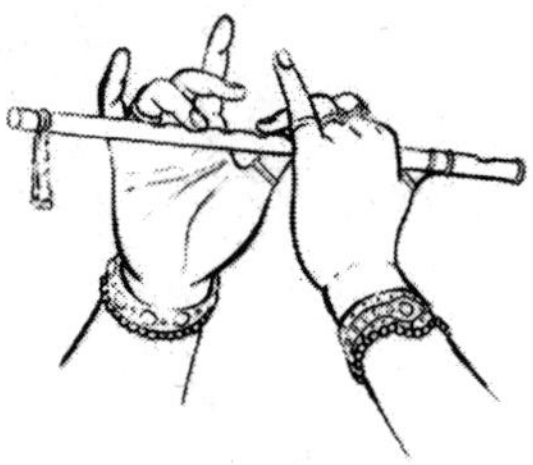

तरुवर सीख मिलै दिन राती

तरुवर सीख मिलै दिन राती,
ताप सहत दिन भर वो तरुवर।
डाल-डाल और पाती।।

छाँह करत हैं पथिकन ताईं,
लेवे छाँह बराती।।

जो पाथर तरुवर को मारै,
ताहीं फलन पराती।।

'नारायण' जो चरित हो ऐसो,
जले रात-दिन बाती।।

तन तो भगवन की सेवा में

तन तो भगवन की सेवा में,
मन भी है अर्पण।
पूजन की हर चीज़ सजा के,
करता हूँ पूजन।।

अर्पण में है गंगाजल प्रभु,
तुलसी दल की माला।
सच्चे मन से तुम्हरा वन्दन,
फूल चरण में डाला।
वन्दन को स्वीकारो प्रभु,
भावों का अर्चन।।

चन्दन धूप और बहुत सी,
भेंट तुम्हें चढ़ाऊँ।
निर्मल तन-मन मेरा कर दो,
तुमरे गुण मैं गाऊँ।
शीश नवा के मैं प्रभु ले लूँ,
चरणों का चन्दन।।

तुमने हमको प्राण दिए हैं,
साँसों की तू धड़कन।
पूजा में अर्पित करता हूँ,
चरणों में ये तन-मन।
सारा जग जय-जय करता है,
'नारायण' का वन्दन।।

पुतला रहै खेत के बीचै

पुतला रहै खेत के बीचै।
चिड़िया दाना चुग न पावै मूरख खेतवा सींचै।।

दाना-दाना पहले फेंका मेड़ बाँधकर पानी,
पौधा-पौधा हुर्र-हुर्र कर धुआँ किया असमानी।
सुबो-शाम पानी में हिलवे पैरन माटी नीचै।।

बाली-बाली ताक रहा है ऊँचे खेत मचान,
पक कर बाली खोखली निकली निकले तेरे प्रान।
खेत में किसना खटिया डाले सोवै अँखियाँ मीचै।।

उल्टा-पल्टा हल से जोता कोमल-कोमल पौधे,
बेमौसम की बारिश-सूखा खेत को रह-रह रौंदे।
'नारायण' हरि शक्ति हमें, संकट सहने की दीजै।।

पूजा पाठ रोज किया

पूजा पाठ रोज किया और तीरथ हो आए,
मन निर्मल ना हुआ तुम्हारा,
डुबकी गंग लगाए।

ओ मनुआ ये पूजा कैसी,
ये कैसा तीरथ है।
कैसा तेरा धरम करम रे,
ये कैसा तेरा व्रत है।
कपट, झूठ, मद, काम, क्रोध जब,
मनुआ छोड़ न पाए।।

चाहे तीरथ करो न प्यारे,
और करो न पूजा पाठ।
दया, दान सत परमारथ और,
वचन, प्रीत धरमा हैं आठ।
'दास नारायण' सत कर्मा ही,
सब तीरथ हो जाए।।

प्रेम की अगन हो

प्रेम की अगन हो,
भक्ति सघन हो,
मन में लगन हो, तो
प्रभु मिल जाएँगे।।

हृदय में भाव हो,
अनुनय की छाँव हो,
आराधन का गाँव हो, तो
मन खिल जाएँगे।।

श्रद्धा की ज्योति हो,
मन में न खोट हो,
करुणा का स्रोत हो, तो
प्रभुश्री आएँगे।।

चरणों की चाह हो,
भक्ति प्रवाह हो,
पूजा की राह हो, तो
प्रभु हर्षाएँगे।।

भजनों के बोल हों,
भाव अनमोल हों,
अर्चन के मोल हों, तो
प्रभु मुस्काएँगे।।

'नारायण' धन हो,
छवि में मगन हो,
अर्चन वन्दन हो, तो
प्रभु दर्शाएँगे।।

प्रभु को काहे मनवा भूला

प्रभु को काहे मनवा भूला,
जीवन है सुख-दुख का मेला।
काहे को तू चले अकेला।।
प्रभु को काहे मनवा भूला

इस मेले में दर्द खिलौना,
ये मेला है इक मृगछौना।
जो सुख है माटी का ढेला।।
प्रभु को काहे मनवा भूला

प्रभु का जो करते हैं सुमिरन,
सुमिरन से जीवन है उपवन।
'नारायण' ये सुख का झूला।।
प्रभु को काहे मनवा भूला

प्रभु जी चरण तेरे सुखधाम

प्रभु जी चरण तेरे सुखधाम,
चरण तुम्हारे तज के प्रभु जी।
कहाँ मिले विश्राम।।

तुम्हीं राम हो नाथ हो मेरे,
तुम्हीं मेरे घनश्याम।
तुम्हरी आस सदा मैं राखूँ,
जपूँ तुम्हारा नाम।।

भव सागर से पार लगाना,
जब जीवन की शाम।
अपने चरणों में ले लेना,
रखना अपने धाम।
दास 'नारायण' शरण तुम्हारी,
सदा रहे आराम।।

भजन है पूजा नित प्रभात में

भजन है पूजा नित प्रभात में,
प्रभु को तन-मन अर्पित।
ध्यान में धर कर प्रभु की छवि को,
जीवन रहे समर्पित।।

भजन है स्तुति वन्दन जग में,
हम प्रमुदित हो जाएँ।
स्वयं भक्ति से पुलकित होकर,
सन्तों के दर आएँ।
ये तो ऐसी रचना प्यारे,
सदा रहे मन हर्षित।।

भजन प्रभु का चिन्तन-मन्थन,
सदा सनातन सद्गुण।
अति सुन्दर छवि अपने प्रभु की,
दर्शन गुण या निर्गुण।
भजन है चर्चा प्रभु के गुण की,
वेदों में जो चर्चित।।

भजन मणी है भगवन ने धर,
मुकुटन चन्द्र सजाया।
भजन सुगन्धा ज्यूँ चन्दन हो,
जिसने भी अपनाया।
'दास नारायण' भजन है अमृत,
प्राणी पर हो वर्षित।।

भजन बिना है जीवन सूना

भजन बिना है जीवन सूना कर लो आज भजन।
भजन भाव है गंगा जल ज्यूँ निर्मल होगा मन।।

जिसने प्रभु को हृदय बसाया,
समझो उसने सब कुछ पाया।
उल्टा नाम भी जपते-जपते मिल जाए भगवन।।

मन में हो यदि घोर निराशा,
होगी तेरी पूरी आशा।
भव सागर को पार करे जो प्रभु से लगे लगन।।

विनती का तुम दीप सजाकर,
श्रद्धा से फिर ज्योत जलाकर।
'दास नारायण' ज्योत जलाकर प्रभु को करे नमन।।

भजन की गंगा में तू प्राणी

भजन की गंगा में तू प्राणी, डुबकी आज लगा ले।
तनमन तोरा निर्मल होगा मन में ज्योत जगा ले।।
भजन है सूरज भोर की वेला जग प्रकाश हो जाए।
भजन चन्द्रमा शीतल बनकर चन्द्र किरण बिखराए।।

भजन है अमृत कुम्भ जगत में सुख आनन्द समाया।
उसी कुम्भ को इस धरती पे सन्तों ने छलकाया।।
भजन जो अमृत इस अमृत की एक बूँद तू पा ले।
भजन की गंगा में तू प्राणी, डुबकी आज लगा ले।।

तीन अक्षर का भजन शब्द है अक्षर तीन त्रिवेणी।
गोत लगा ले भजन गंग में टूटे पाप की वेणी।।
गंगा जमुना अरु सरस्वती निर्मल सुन्दर धारा।
भजन गंग में नाव छोड़ दे मिलिहै तुझे किनारा।।
भजन गंगा में डुबकी लेकर मन से पाप भगा ले।
भजन की गंगा में तू प्राणी, डुबकी आज लगा ले।।

भजन है वृन्दावन की गलियाँ मधुवन की ज्यूँ छैंया।
माँ का ज्यूँ अनुराग पुत्र से नित-नित लेत बलैयाँ।।
चित्रकूट में भजन तिलक है सुन्दर तिलक लगाओ।
'दास नारायण' संग अनूप के हर पल भजन की गाओ।।
भजन मोक्ष तरुवर के फल तू तोड़-तोड़ कर खा ले।
भजन की गंगा में तू प्राणी, डुबकी आज लगा ले।।

भोर की आस लगाए धरती

भोर की आस लगाए धरती,
नींद से है जगने वाली।
अन्धकार फिर हट जाएगा,
पूरब में थोड़ी लाली।।

एक बैरागी गीत सुना के,
सबको जाग उठो कहता।
चलता जोगी कहाँ है ठहरा,
जैसे पानी है बहता।
उजियारा तो होएगा ही,
रात गयी काली काली।।

दु:ख-सुख हैं दोनों जीवन में,
इक आता इक जाता है।
आज है पतझड़ कल हरियाली,
जोगी यही सुनाता है।
'नारायण' क्यूँ बाग उजाड़े,
जो बगियन का है माली।।

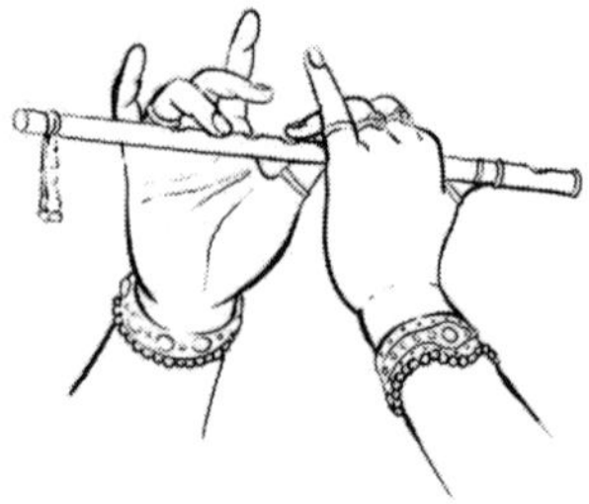

माटी रूप खिलौना जीवन

माटी रूप खिलौना जीवन,
गिरे तो टूट ही जाता है।
कब गिर जाए खेल-खेल में,
समझ नहीं कुछ आता है।।

बहुत खेल-खेल नित हारे,
तू क्या खेले रे प्राणी।
माटी से उपजा जीवन है,
सन्तों की सुन्दर वाणी।।

जिस प्रभु ने काया दी,
उसकी सारी माया है।
उन हाथों को थाम चले हम,
सन्तों ने सिखलाया है।
'दास नारायण' कैद है पंछी,
इक दिन वो उड़ जाता है।।

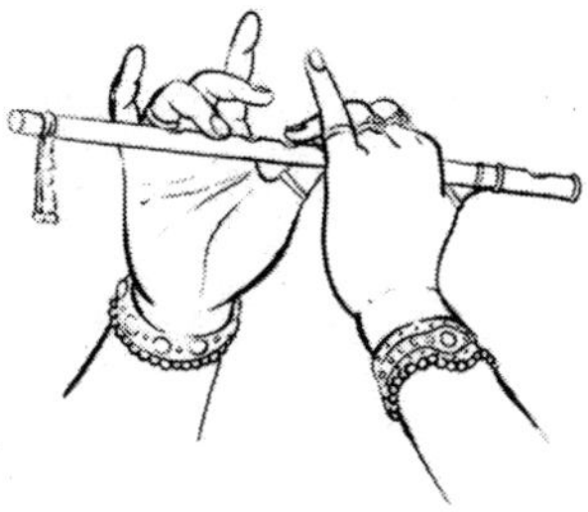

ये अँधियारा मिट जाएगा

ये अँधियारा मिट जाएगा,
रात नहीं रहने वाली।
जागो-जागो उठ कर देखो,
पूरब में आयी लाली।।

दुःख-सुख हैं दोनों जीवन में,
इक आता इक जाता है।
आज है पतझड़ कल हरियाली,
जोगी यही सुनाता है।
वो क्यूँ अपना बाग उजाड़े,
जो बगिया का है माली।।

मैं बैरागी गीत सुनाके,
नयी डगर पर जाऊँगा।
बहता पानी कब ठहरा है,
नहीं दुबारा आऊँगा।।

'दास नारायण' आस न खोवें,
रोज मनेगी दीवाली।।

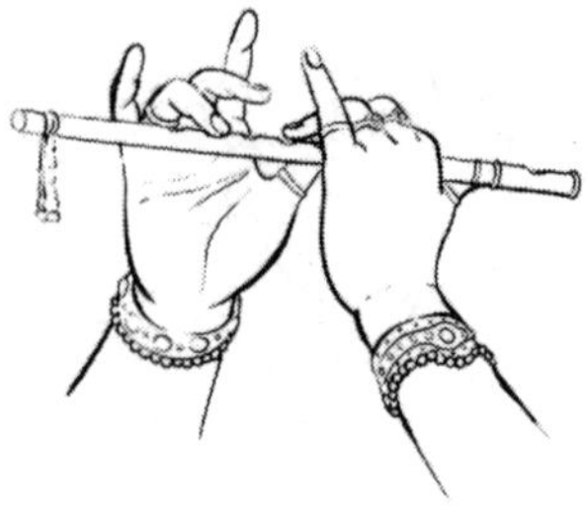

सतगुण रजगुण और तमोगुण

सतगुण रजगुण और तमोगुण,
कर ले-कर ले इनका ज्ञान।
सत् है जो गुण प्रभु को प्यारा,
इससे मिलता जग में मान।।

सतगुण है इस जग में सच्चा,
सच्चाई जिसमें है पूरी।
सभी जीव हैं अपने जैसे,
सब जीवों की ये है धूरी।
सतगुण का अवलम्बी प्राणी,
जग में करता रहता दान।।

तमगुण है घनघोर अँधेरा,
पशुतुल्य है वो प्राणी।
जो जीवों का वध करते हैं,
वो मूरख हैं अज्ञानी।
विषय वासना में हैं रहते,
मदिरा का करते हैं पान।।

जो लोभी हैं रजगुण उनमें,
वो तृष्णा के हैं मारे।
शान्ति नहीं है उनके मन में,
इच्छा से अपनी हारे।
'दास नारायण' करें निवेदन,
तृष्णा में ना तजना प्राण।

सत्संग करो मन गंगा तीर

सत्संग करो मन गंगा तीर,
भोर होत जिस तटपर मुनि जन।
देव जनों की भीर।।

रामचरित की गंगा बहती नयन सुदामा नीर,
कलुषित तन-मन निर्मल होवे।
माथे चन्द्र अबीर।।

सन्तों का हो पावन दर्शन चन्दन होय शरीर,
जप-तप कीर्तन भजन यहाँ पर।
धुल जावे सब कीर।।

सब तीरथ है गंग-जमुन तट, मिट जावे सब पीर,
'नारायण' सत्संग किया।
हरि धन से हुआ अमीर।।

सुख चाहें और पाप करें

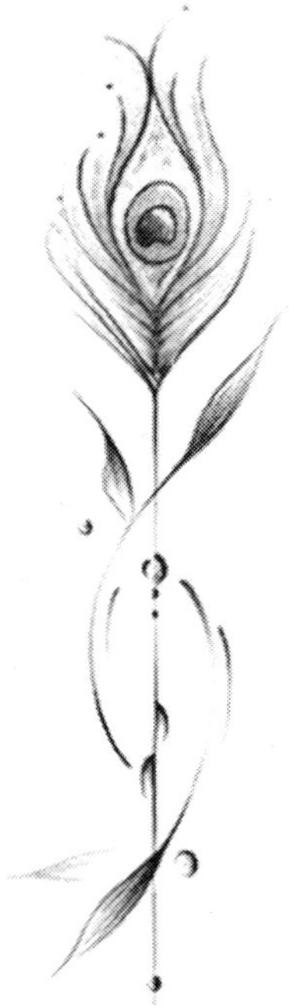

सुख चाहें और पाप करें,
मन को कैसा हुआ भरम।
पैर तले तो काँटा बोएँ,
फिर क्यूँ भाग्य को कोसें हम।।

छुपके पाप किया सुख देखा,
सच्चे सुख का ज्ञान गया।
सच्चा सुख सुन्दर चितवन में,
मन चंचल जब मान गया।
औरों से छुप गया पाप तो,
अपना मन तो करे शरम।।

पाप वही जिससे दु:ख बढ़ता,
मर्यादा को तोड़ दिया।
वही पुण्य जिससे सुख आवे,
त्याग किया कुछ छोड़ दिया।
तृष्णा के पीछे नहीं भागो,
'नारायण' ही बड़ा धरम।।

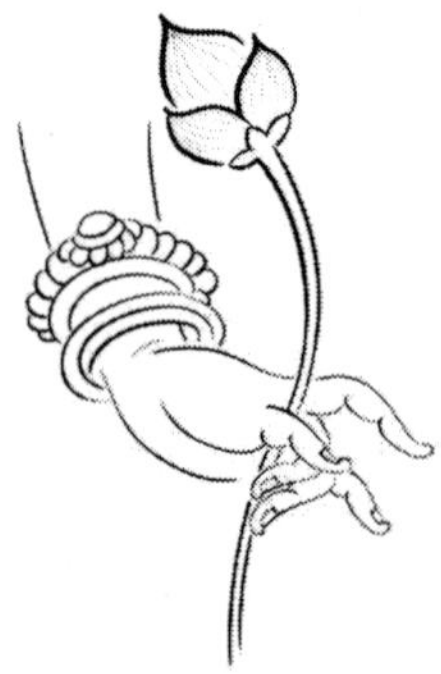

कर लो आज भजन तुम

कर लो आज भजन तुम प्राणी कर लो आज भजन।
श्रद्धा के फूलों को अर्पित करके करो नमन।।

भक्ति से प्रभु का गुण गाओ,
विनती को आधार बनाओ।
सारे तीरथ मिल जाएँगे,
उससे लगे लगन।।

भक्ति भाव का दीप सजाओ,
प्रेम से फिर तुम ज्योति जलाओ।
ज्योति जला के प्रभु नाम लो,
मन की मिटे अगन।।

जिसने प्रभु को हृदय बसाया,
प्रभु ने उसको गले लगाया।
'दास नारायण' भक्ति रस में,
मन हो जाए मगन।।

जीवन का आधार यही है,
प्रभु पाने का द्वार यही है।
पतझड़ में भी फूल खिलेंगे,
ये तो है उपवन।।

क्षमा करो मेरे हे प्रभु जी

क्षमा करो मेरे हे प्रभु जी,
अब तक के जो हैं अपराध।
धो डालो तन की चादर को,
लगे हैं उसमें जो भी दाग।।

तुम तो प्रभु जी मानसरोवर,
अमृत जल से भरे हुए।
पारस तुम हो हूँ लोहा मैं,
कंचन होवे जोइ छुए।
तज के जग की सारी माया,
तुम से कर लूँ मैं अनुराग।।

काम क्रोध में फँसा रहा मन,
सच्ची डगर न जानी रे।
लोभ-मोह मद में रह कर प्रभु,
कर डाली मनमानी रे।
मनमानी में दिशा गलत ले,
पहुँचा वहाँ जहाँ है आग।।

इस सुन्दर तन की रचना पर,
तुमने जो उपकार किया।
हमने उस सुन्दर तन पर प्रभु,
अपराधों का भार दिया।
'दास नारायण' शरण तुम्हारी,
तुमसे प्रीत होय निज राग।।

श्याम रंग में मैं तो रंग गयी

श्याम रंग में मैं तो रंग गयी
और रंग सब झूठा।
कृष्ण कृष्ण का जाप करूँ मैं
और रंग सब छूटा।।

तन मन मोरे श्याम बसे हैं
और कछु न सुहाए।
श्याम का दर्शन पल पल चाहूँ
और कछु ना भाए।
श्याम नाम रस सरस है चख लो
यह मधु रस अति मीठा।।

जित देखूं उत श्याम की छवि है,
कण कण श्याम बसे हैं
गोप गोपियों के मुख देखो,
श्याम सुन्दर जी हँसे हैं।
'दास नारायण' 'दासी हेमा' के मन
श्याम न छूटा।।

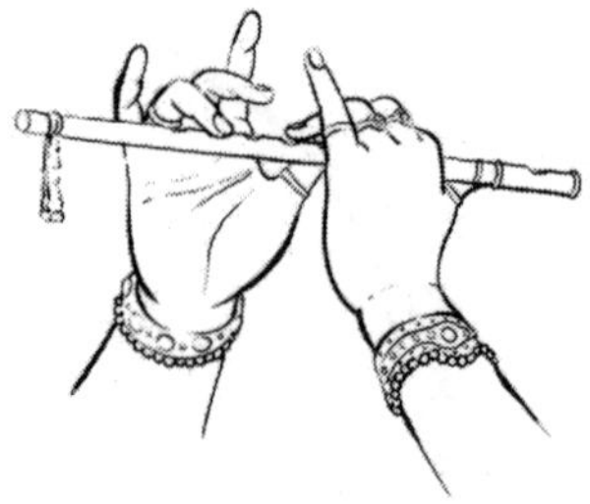

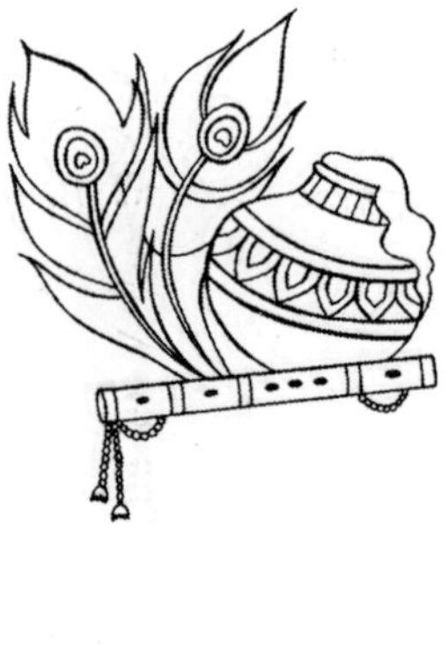

कृष्ण की भक्ति परम सत्य है

कृष्ण की भक्ति परम सत्य है,
जैसे सुबह की लाली।
सूर्य प्रकाश है चन्द्र प्रकाश है,
सब बगियन का माली।।

कृष्ण कृष्ण को जपने वाला,
कभी दुखी न होवे।
ज्ञान भक्ति का मार्ग मिले है,
कबहुं कछु न खोवे।।
बारहों मासा हर दिन हर पल,
उसके घर में दिवाली।।
कृष्ण की भक्ति...

कांटे कंकड़ हटे मार्ग से,
है गुलाब पथ कोमल।
सबसे पवित्र नाम कृष्ण है,
जैसे है गंगाजल।।
'दास नारायण' सोलह माला,
छप्पन भोग की थाली।।
कृष्ण की भक्ति...

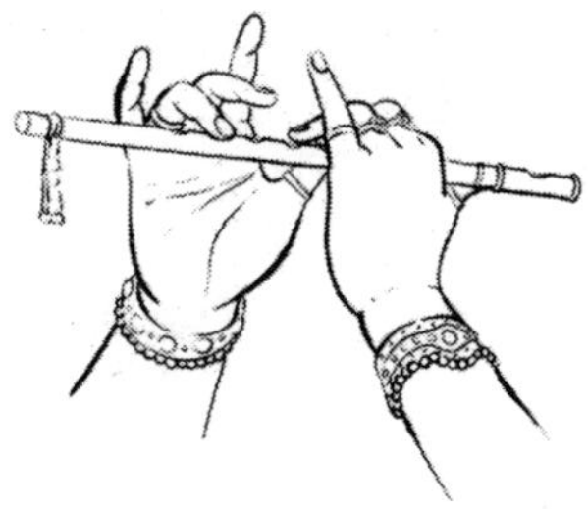

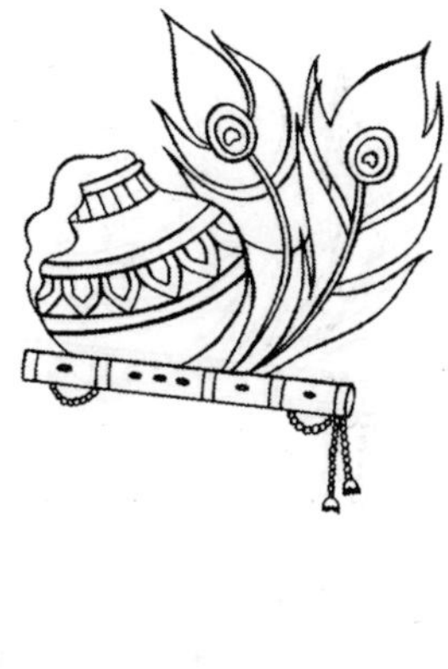

राधे तुम न करो अब रार

राधे तुम न करो अब रार।
प्रेम की पीड़ा मेरी समझो,
मैंने मानी हार।।

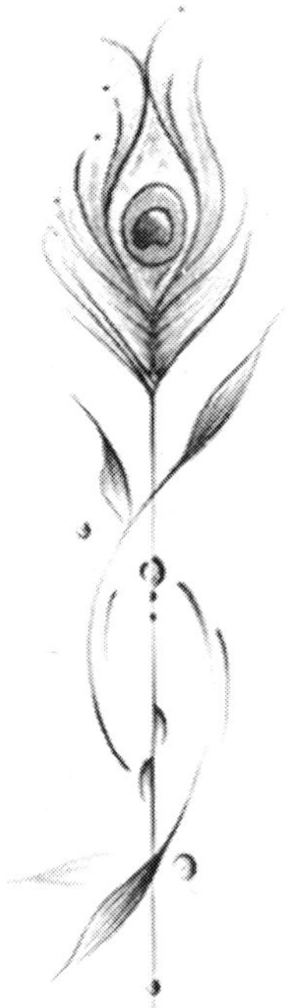

तुम बिन जिऊँगा कैसे राधे,
तुम तो मेरी शक्ति।
मैं भाव तुम भावना हो,
जानो मेरी भक्ति।।
हरा भरा ये जीवन तुमसे,
तुम ही गले का हार।।
राधे तुम न करो...

थोड़ा भी अपराध नहीं है,
तुमको आज बताऊँ।
सभी गोपियाँ नटखट नटखट,
उनको मैं समझाऊँ।।
'दास नारायण' कृष्ण है जीवन,
उनसे ही संसार।।
राधे तुम न करो...

कान्हा तेरी बात निराली

कान्हा तेरी बात निराली।
मैं आली लाली हूँ तोरी,
तुमसे नित्य दिवाली।।

सभी गुणों के तुम हो स्वामी,
तुम में जग है समाया।
ये काया माया भी तुम से,
संतों ने बतलाया।।
मैं तेरे चरणों की दासी,
पूजा की मैं थाली।।
कान्हा तेरी बात निराली...

तुम रक्षक हो गोप गोपियाँ,
राधे कृष्ण ही बोलें।
सभी भक्त चरणों में पड़ कर,
अन्तर मन को खोलें।।
'दास नारायण' सदा चरण में,
तुम बगिया के माली।।
कान्हा तेरी बात निराली...

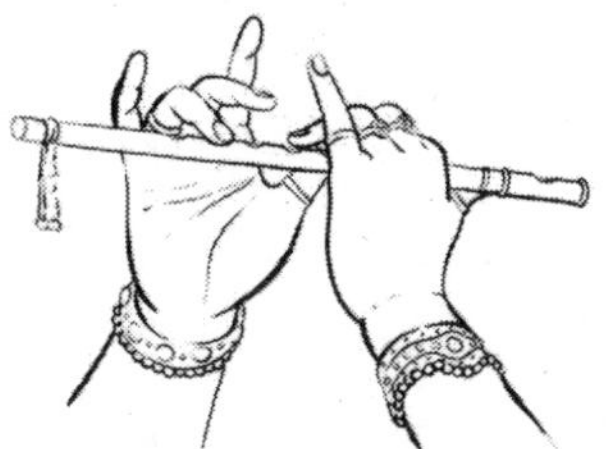

श्याम की कितनी करौं बड़ाई

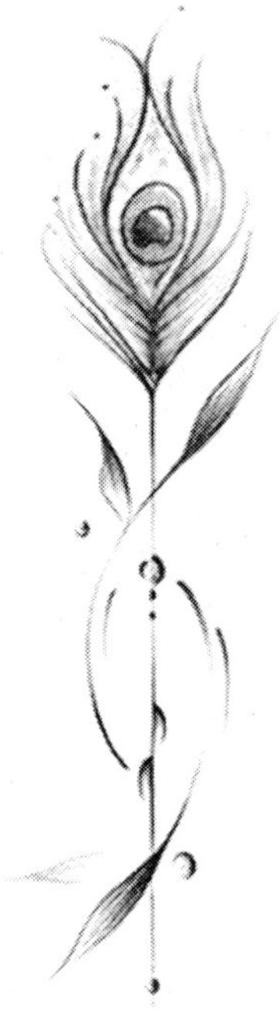

श्याम की कितनी करौं बड़ाई।
जस आकाश को छोर न पाऊँ,
तैसन गुनन् मैं गाई।।

चितचोर लला जो मेरौ,
चौंसठ कला को जानें।
ब्रजमंडल रज मस्तक धर कर,
हम भगवान सों मानै।।
श्याम सुन्दर गोवर्धन धारी,
कुँवर चन्द्र कन्हाई।।
श्याम की कितनी...

तरस दरस को अंखियन जावैं,
कुंज निकुंज मैं जाऊँ।
हर छोर पे श्याम को पाऊँ,
हृदहिं उन्हें बसाऊँ।।
'दास नारायण' श्याम चरण की,
सदा करैं सेवकाई।।
श्याम की कितनी...

मैं बगियन से फूल को चुन के

मैं बगियन से फूल को चुन के,
प्रभु के चरण चढ़ाऊँगी।
अब हरि के गुन बस गाऊँगी।।

भोर की बेला हरि पद गा के,
हरि को नित्य सजाऊँगी।
सात सुरों की माला बुन के,
कंठ उन्हें पहनाऊँगी।।
श्रद्धा भक्ति प्रेम से हरि का,
सुन्दर रुप सजाऊँगी।।
मैं हरि के गुन...

हरि चरण हैं चारो तीरथ,
चरणन् शीश झुकाऊँगी।
हरि नाम में सारा सुख है,
उनसे नेह लगाऊँगी।।
ठाकुर जी को भोग लगा के,
पंखा उन्हें झलाऊँगी।।
अब हरि के गुन...

वो ही सखा हैं प्रियतम मेरे,
नाथ सकल संसार में।
कंठ में वो हैं रोम रोम हरि,
वीणा के वो तार में।।
'दास नारायण' भजन सुना के,
दर्शन उनका पाऊँगी।।
अब हरि के गुन...

प्रेम भजन मन मुदित हो

प्रेम भजन मन मुदित हो,
मुदित रहे तन मन।
कृष्ण कृष्ण मन से कहो,
पुलकित हों सब जन।।

भक्ति भाव संग कीर्तन,
आनंद का है घर।
कर श्रृंगार भजन से प्राणी,
भक्ति भाव का स्वर।।
सारे मार्ग सुलभ हैं बंदे,
चलो कृष्ण उपवन।।
प्रेम भजन मन मुदित हो...

आस की प्यास बुझा देती है,
कृष्ण से लगे लगन।
इससे बड़ा जगत में प्राणी,
नहीं कोई है धन।।
'दास नारायण' कृष्ण शरण में,
अर्पित है जीवन।।
प्रेम भजन मन मुदित हो...

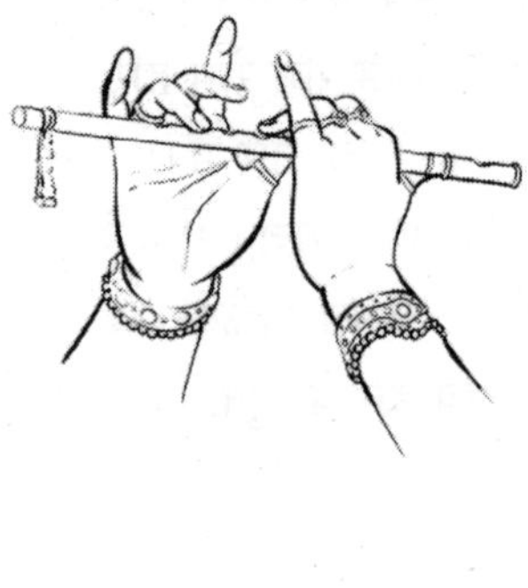

समय नहीं गंवाना है

समय नहीं गंवाना है।
हरि पद ही निस दिन गाना है।।

जग से इक दिन जाना है,
कृष्ण को नहीं भुलाना है।
समय नहीं गंवाना है।।

भजन भाव अपनाना है,
कृष्ण चरण में आना है।
समय नहीं गंवाना है।।

कृष्ण धाम ही पाना है,
'नारायण' पद गाना है।
समय नहीं गंवाना है।।

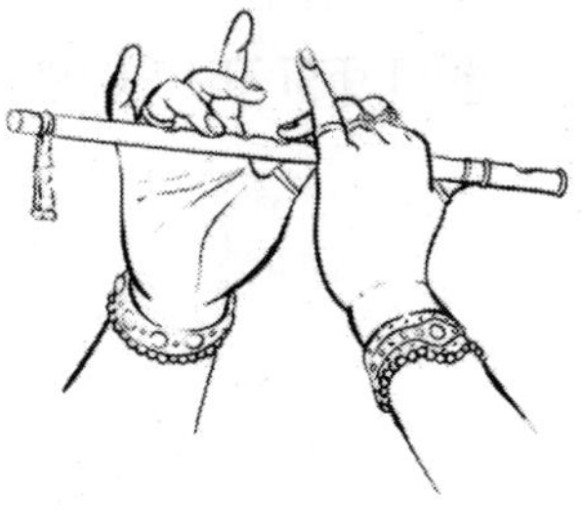

कृष्ण कृपा सब पर रहे

कृष्ण कृपा सब पर रहे,
सबसे बड़े हैं देवा।
भक्त बनें हम पूजा करें हम,
नित्य करें हम सेवा।।

कोई धन से बड़ा,
कोई मन से बड़ा,
कोई बड़ा है ज्ञान से।
कोई भक्ति से बड़ा,
कोई शक्ति से बड़ा,
कोई बड़ा है दान से।
सबसे प्रेम रहे सबका रे,
सबका कीजिये मान रे।।
कृष्ण कृपा सब पर रहे...

कोई छल से बड़ा,
कोई बल से बड़ा,
कोई कपट नित भारी।
पाप कर्म का दण्ड मिलेगा,
नारायण अधिकारी।।
'दास नारायण' कृष्ण शरण में,
जेवें कुँवर कलेवा।।
कृष्ण कृपा सब पर रहे...

परिशिष्ट

आज के युग में नारायण जी सन्त साहित्य के राजदूत हैं।

–डॉ. शंकर दयाल शर्मा
पूर्व राष्ट्रपति, भारत सरकार

सुन्दर भजन हैं। सबसे बड़ी बात ये है कि आज की भाषा में हैं। युवाओं में इससे भक्ति का संचार होगा।

–श्री नरेन्द्र मोदी
प्रधानमंत्री, भारत सरकार

नारायण जी के भजनों को मैंने सुना है। वे भक्ति से परिपूर्ण हैं।

–सन्त मोरारी बापू
कथावाचक

नारायण जी के भजन गाकर भक्ति उपजती है। आनन्द मिलता है। बार-बार गाने का मन करता है।

–भारत रत्न पं. भीमसेन जोशी
शास्त्रीय गायक

नारायण जी के पद मेरे मन में उतर गये हैं।

–भारत रत्न लता मंगेशकर
गायिका

प्रभुवर नारायण जी शुद्ध वैष्णव हैं। दूसरी बात यह कि वो सच्चे कृष्ण भक्त हैं। मैंने सन्तों की ही वाणी गायी है। आज के समय के कवियों में सिर्फ़ दास नारायण जी के भजन का गायन किया है। लाइव कान्सर्ट्स में भी गाता रहता हूँ। सच कहूँ तो पूरा कृष्णमय वातावरण हो जाता है।

–पद्म विभूषण पं. जसराज
शास्त्रीय गायक

नारायण जी शुद्ध कृष्ण भक्त हैं, मेरी तरह। उनके भजन सहज और सरल हैं जिसका अर्थ सबको समझ में आ जाता है। इसलिए भजन हृदय को छूते हैं। मैंने भी उनके लिखे बहुत से भजनों को गाया है। वे एक वैष्णव परिवार से हैं। उनके भजन सुनने और गायन करने से भक्ति उत्पन्न होती है।

–श्रीमती हेमा मालिनी
सांसद, अभिनेत्री एवं शास्त्रीय नृत्यांगना

कविवर नारायण जी के बहुत से पद हम लोगों ने गाये हैं। विद्वान होने के साथ-साथ कृष्ण रंग में रंगे हैं। उनके लिखे भजन हम लोग लगभग सभी जगह गाते हैं। एक श्रेष्ठ और स्थापित भजन रचनाकार हैं। हम लोग यह मानते हैं कि ठाकुर जी की उन पर विशेष कृपा है। सन्त समाज का उन्हें आशीर्वाद प्राप्त है।

–पं. राजन साजन मिश्र

शास्त्रीय गायक

पहले हम लोग नारायण जी के भजन सुनते थे। अब मैं गाने लगा हूँ। नारायण जी के भजन गाने में मुझे शान्ति मिलती है, तो लोगों को भी मिलती होगी।

–पद्म भूषण जगजीत सिंह, चित्रासिंह

गायक

श्रीकृष्ण भक्त नारायण जी ने आधुनिक काल में सन्त साहित्य की परम्परा की ज्योति जलाकर रखी है। हिन्दू समाज के घर-घर तथा सत्संगों में आपके भजनों से भक्ति के साथ लोक कल्याण का कार्य हो रहा है।

–पद्मश्री अनूप जलोटा

भजन गायक

शास्त्रीय गायक

कवि नारायण अग्रवाल 'दास नारायण'

संत साहित्य की परम्परा को आज के युग में अक्षुण्ण रखने के और युवाओं के बीच जागृत करने के लिये कवि नारायण अग्रवाल 'दास नारायण' जी ने अपना जीवन समर्पित किया है। 75 वर्षीय भजन रत्न कवि ने केवल भगवान श्रीकृष्ण की आराधना करते हुए भारतीय समाज को आध्यात्म की गंगा में भजनों के साथ स्नान करवाया। पूर्व राष्ट्रपति डॉ.शंकर दयाल शर्मा जी ने कवि नारायण जी को आधुनिक काल में संत कवियों की परम्परा का राजदूत कहा है।

सहस्त्र भक्ति पदों की रचना करने वाले कवि नारायण जी के पदों को भारत रत्न पं. भीमसेन जोशी, भारत रत्न लता मंगेशकर, पद्मविभूषण पं.जसराज, पद्मविभूषण डॉ. बाला मुरली कृष्णनन और पद्मभूषण पं.राजन-साजन जैसे भारतीय शास्त्रीय गायन के सिरमौर ने गायन किया है। यही नहीं, भारत रत्न उस्ताद बिस्मिला खाँ साहब ने 8 भजनों की धुन भी बनाई है।

कवि नारायण जी ने अपने काव्य लेखन से आज के युग में भक्ति साहित्य के काव्य को समृद्ध किया और भारतीय समाज में भक्ति की चेतना के प्रकाश को घर-घर फैलाया। कवि नारायण जी के भक्त पदों को देश के सभी शास्त्रीय संगीत के गायकों और गायिकाओं के साथ प्ले बैक सिंगर्स ने भी गायन किया है।

साथ ही भक्ति संगीत के गायक हरि ओम शरण, अनुप जलोटा और श्रीमती अनुराधा पौडवाल ने भी सैंकड़ों पद गाये हैं।

कवि नारायण अग्रवाल 'दास नारायण' जी का आज के युग में भारतीय परम्परा, साहित्य, संस्कृति, अध्यात्म में एक महान् योगदान है। जिससे आज का युग अपने मूल से जुड़ा है।

आप पढ़ रहे हैं देश का सबसे विश्वसनीय और नंबर 1 अखबार

दैनिक भास्कर

मुंबई | बुधवार, 6 नवंबर 2024 कार्तिक शुक्ल पक्ष-5, 2081

नारायण अग्रवाल का सम्मान

प्रयागराज में भजन रत्न कवि नारायण अग्रवाल 'दास नारायण' का सम्मान हुआ। एक समारोह में जस्टिस सुधीर नारायण और अनूप जलोटा ने राष्ट्रीय भक्ति कवि के अलंकरण से नारायण अग्रवाल को सम्मानित किया।

दैनिक भास्कर

Wed, 06 November 2024

https://epaper.bhaskarhinc

Kavi Narayan Agrawal "Das Narayan" recent Newspaper Coverage

Dainik Bhaskar - Hindi Diwas Special - Page 05, Published on 14-09-2024

दैनिक भास्कर

हिंदी दिवस आज

हिंदी दिवस विशेष

चार राष्ट्रपतियों और चार प्रधानमंत्रियों से सम्मानित हुए भक्त कवि दास नारायण

भक्ति काल की परंपरा को आज के भक्ति कवि नारायण अग्रवाल दास ने सुरक्षित रखा है। सहस्रों भक्ति पदों के रचयिता नारायण जी के भक्ति पदों का गायन भारत रत्न पं. भीमसेन जोशी और संगीत मार्तण्ड पं. जसराज जी जैसे महान शास्त्रीय गायकों ने किया है। लता मंगेशकर, जगजीत सिंह, हरि ओमशरण और अनूप जलोटा से लेकर लगभग सभी शास्त्रीय एवं सुगम संगीत गायक-गायिकाओं ने नारायण जी रचित भक्ति पदों का गायन किया है।

भजन रत्न नारायण अग्रवाल 'दास' नारायण का जन्म तीर्थराज प्रयाग (इलाहाबाद) के एक वैष्णव परिवार में हुआ। उन्होंने वृंदावन के गोस्वामी सम्प्रदाय के गोसाईं जी से पईंपूजा के बाद एमए (हिंदी) स्वर्णपदक के साथ किया। लगभग 45 वर्ष पूर्व एक भक्त कवि के रूप में उनका पुनर्जन्म हुआ। वह देश के चार राष्ट्रपतियों डॉ. राजेंद्र प्रसाद, डॉ. राधाकृष्णन, डॉ. शंकर दयाल शर्मा और डॉ. अब्दुल कलाम और चार प्रधानमंत्रियों पं. जवाहर लाल नेहरू, लाल बहादुर शास्त्री, पीवी नरसिम्हा राव और नरेंद्र मोदी से उनके सम्मानित हुए। डॉ. शंकर दयाल शर्मा ने कवि नारायण अग्रवाल को आधुनिक युग में संत साहित्य का राजदूत कहा। उन्हें इस्कान के सर्वोच्च सम्मान प्रभुपाद भक्ति कला क्षेत्र सर्वोच्च सम्मान से सम्मानित किया गया। उनकी एक रचना पर डॉ. बालमुरली कृष्ण जी ने मोहन गांधी राग का सृजन किया, जिस पर भारत सरकार ने उन्हें 'भजन रत्न' के अलंकरण से विभूषित किया। उन्होंने लगभग 1000 भक्ति पदों की रचना की है। भजन पुस्तक 'भजन प्रवाह' और प्रभु मिल जाएंगे' प्रकाशित हो चुकी है।

राष्ट्रपति डॉ. शंकरदयाल शर्मा के साथ कवि नारायण अग्रवाल दास